따뜻한 부자

가 되기위한

경영, 메이커, 디자인

- 무형의 가치를 주목하는 21세기 경영 전략 -

따뜻한 부자가 되기위한

✔ 경영
✔ 메이커
✔ 디자인

문 찬 지음

한성대학교 출판부

사회인이 되기 위한 준비를 하는 대학생들에게

·

·

·

시작하는 글

글을 쓰는 현재의 시점에도 우리나라 경기전망이 크게 밝지는 않습니다. 한국은 경제기반이 양호한 나라이므로 잘 해 나가겠지만 20세기 후반과 같은 고속성장은 이제 불가능합니다. 불경기는 한국의 문제 뿐 만 아니라 전 세계적인 현상입니다. 인간이라는 생물 개체가 지구환경이 감당하기 어려울 정도로 많아져서 자원은 고갈되어가고 환경오염은 심각한 상태입니다. 무언가 근본적인 가치관의 변화와 살아가는 방식의 큰 변화를 노력 하지 않으면 파국이 올 수 있습니다. 다수가 만족도를 높이고 행복감을 확대해가는 것이 생존의 본능입니다. 그렇다면 경제도 살리고 지구환경도 보존하면서 행복지수가 높아지는 만족 값을 구할 수 있을까요?

간혹 제자들에게 이런 질문을 합니다.

"어떤 사람이 개인자산으로 1,000억원 있다고 하자. 어마어마한 부자이며 재벌급이지. 그런데 이 사람은 세상의 원망도 들으면서 그 돈을 모았다. 반 면, 100억원의 개인자산을 가진 부자가 있다고 하자. 이 사람은 사회의 존경을 받고 있으며 자식들에게는 자랑스러운 아버지(또는 어머니)이다. 여러분은 어느 쪽을 선택할래?"

동화 같은 질문이지만 순수하고 젊은 대학생들은 후자, 착한 부자가 되고 싶다고 답변을 합니다. 앞에서 언급한 개인명의 1,000억원 자산가가 세상의 원망도 들었다고 하는 것에는 이유가 있습니다. 개인 자산을 저 정도 모으려면 연 간 순이익을 수 십 억 원씩 발생시키는 자산총액 수 조원대의 사업체가 있어야 가능합니다. 이 정도 규모라면 시장에서의 상품 점유율이 대단히 클 것이며 수많은 경쟁 업체들을 파산시키거나 합병하면서 그 위치에 도달했을 것입니다. 이 사람이 법을 준수하며 탈세도 하지 않고, 회계를 투명하게 운영하였으며, 사회에 기부금이나 장학재단 등을 설립해 가며 저 돈을 축적했다면 거의 기적 같이 어려운 일입니다. 그래서 '원망도 듣고 손가락질 받는 부자' 라고 언급한 것입니다.

20세기의 경영 목표는 이윤창출이었습니다. 그러다보니 그 목적을 달성하기 위해 많은 무리를 감수했습니다. 오늘날 우리 사회가 돈 많은 자산가들을 그다지 존경하고 사랑하지 않는 것은 이 때문입니다. 반면에 사회사업과 공익을 위해 투자하고 법을 정직하게 지키는 기업인도 있습니다. 여기에서 이 사람이 개인자산을 100억만 보유한 이유는 이러한 나눔과 상생의 경영철학 때문이라고 합시다. 이 사람은 물질을 내려놓은 대신 여러 가지 무형의 가치를 추구했습니다.

이 책에서 중요하게 다룰 주제가 '무형의 가치'입니다. 이 책의 목적은 도덕, 윤리 교육이 아니고, 이윤을 창출하는 경영에 있습니다.

21세기에 성공하는 경영은 이 무형의 가치를 주목하고 주요 경영 전략으로 삼아야 합니다. 소비자들이 이것을 중요하게 인식하기 때문에 더욱 그렇습니다. 특히 교육의 질이 높고 의식이 성숙해지는 사회일수록 무형의 가치를 더욱 갈망합니다. 이를 구성하는 요소들은 존중, 상생, 나눔, 참여, 위로와 진정성 등이며 본문에서 다루도록 하겠습니다.

시대의 전환기에 성공적 경영으로 사회에 큰 영향을 준 기업가들을 보면 아이디어가 탁월한 창의적 사고를 갖고 있음을 알 수 있습니다. 애플의 스티브 잡스, 현대카드의 정태영 회장, 탐스슈즈의 브레이크 마이코스키, 프라이탁(FREITAG)의 마르쿠스 프라이탁과 다니엘 프라이탁 형제 등이 그런 사람들입니다. 이들의 공통 요소는 나눔을 실천하여 소비자들의 참여를 유도하는 경영을 한다는 것입니다. 이것으로 비교적 짧은 시간에 큰 성장을 할 수 있었습니다. 나눔, 소통과 참여 등은 주체의식을 가지고 개인의 정체성을 생각하는 사회에서 비중이 커져가고 있으며 정보가 공유되는 정보사회의 특징 중 하나이기도 합니다. 그러므로 창의적 경영 전략을 세우는 과정에서 깊이 고려해야 하는 요소들이죠.

현재 우리나라는 저성장, 경기둔화의 경제 상태입니다. 지적 수준이 높은 사람들이 경제성장이 더딘 상황을 맞이하면 똑똑하고 합리적인 소비를 하게 됩니다. 지출에 있어서 의미를 부여하고 충동적 구매를 자제 하게 됩니다. 이는 개발자가 꼭 기억해야 할 소비 패턴입니다. 창의적 사고를 가진 경영자들의 또 한 가지 공통점은 디자인을 경영의 중요 요소로 삼아 상품개발을 하되, 눈에 보이는 디자인의 가시성 뿐 만 아니라 추상적인 브랜드가치와 비가시적인 정서까지 함께 창출해 낸다는 점이 주목됩니다. 이러한 부분을 디자인사고와 창의적 경영이라 지칭하고 책에서 사례로 다루도록 하겠습니다. 그렇다하여 이 경영자들이 디자이너는 아닙니다. 독자 여러분도 디자인을 직접 수행할 필요는 없습니다. 경영 전략을 세운 후에 디자인의 방향을 제시하고 좋은 디자인을 선택하는 판단력과 안목이 있으면 충분합니다.

그 판단하는 능력이 기획력인데요. 창의적 기획력은 조급함과 욕심을 내려놓으면 생기는 성찰로부터 온다고 생각합니다. 이 성찰은 사람을 지혜롭게 하는 바, 모든 종교와 철학이 강조하는 부분이자, 심리학자 미하이 칙센트미하이가 말하는 긍정적 몰입(flow)이 주는 힘입니다.

가장 중요한 것은 시대의 흐름을 바르게 읽는 능력입니다. 현재는 빠른 속도로 전환이 이루어지고 있는 변혁기입니다. 경제구조, 산업, 정치, 사회와 문화 등 모든 것이 전환기를 맞이하고 있으며 살아가면서 추구하는 가치관 또한 변화하고 있습니다. 이 가치관을 읽고 경영에 바른 방향으로 적용하는 기업가, 또는 개발자가 성공합니다.

제가 조금 전에 성찰력이 성공 요인이라고 이야기 했습니다. 철학이나 종교적 관점을 이야기하는 것이 아닙니다. 어차피 인간은 경제와 재화획득으로부터 자유로울 수 없습니다. 재화, 돈이 있어야 삶이 가능하고 그것은 많을수록 좋지요. 그리고 기왕이면 착하게 돈을 벌어 대중의 사랑을 받는 기업인이 된다면 더 바랄 것이 없겠습니다.

1,000억원을 가진 부자 1명이 있는 사회보다는 100억원을 보유한 부자 10명이 있는 사회가 더 좋은 상태입니다. 본문에서는 좋은 부자가 되는 전략과 방법, 즉 전술을 어떻게 구사해야 하는지 그 과정을 탐구하고 논의합니다. 특히 성공적 메이커(maker)를 논의하는 것으로 본문을 시작하겠습니다. 기획, 제조, 마케팅을 혼자서 해야 하는 메이커는 창의적 경영자에게 필요한 요소를 고루 갖추고 있기에 그 의미가 큽니다.

이 책을 공부 한다는 부담감으로 읽지 마시고 논설이나 수필을 대하는 기분으로 흥미롭게 보아 주셨으면 합니다. 그 흥미로부터 긍정적 몰입감이 발생하니까요.

2017년 12월 31일

문찬

목차

단서 1

메이커 무브먼트

maker movement

1.1. 모두에게 열려 있는 디자인

저는 1984년에 대학 신입생이었습니다. 여러 개의 단과대학들이 섞여 있는 종합대학교 캠퍼스를 오갈 때, 미술대학생들은 멀리서 봐도 눈에 띠는 특징이 있었습니다. 복장이나 헤어스타일 등에서 '예술학도다운' 감성이 느껴졌습니다. 반면, 공과대학 방향으로 걸어가면 매우 '공대스러운' 모습들이 보입니다. 화장기 없는 여학생, 편하고 기능성은 높지만 투박한 복장의 남학생들 모습이 기억에 있습니다. 옛 학교 풍경을 왜 이야기 하느냐하면, 현재의 대학 캠퍼스 정경은 이와 다르기 때문입니다. 외모로는 그의(또는 그녀의) 전공을 추측하기 어렵습니다. 외모가 '나'를 표현하는 수단 중 하나라고 간주하면 이것은 미의식이 널리 공유되어가고 있음을 뜻하며 획일적이지 않은 다양성이 보편화되어 가고 있는 증거입니다. 이러한 현상은 정보화 사회의 특징 중 하나입니다. 기술이 공유되어 기술력 격차가 갈수록 좁혀지고 있는 것을 우리는 알고 있습니다. 마찬가지로 미적감성 역시 더 이상 예술분야 종사자의 전유물이 아닙니다. 다만, 외모로 확인할 수 없는 기질, 사고방식과 문제해결의 접근방식에는 차이가 존재합니다. 미술 또는 디자인 전공자는 감성적 사고를 발달시키는 교육을 받습니다. 현존하는 현상들을 인정하지 말고 개선시킬 방안을 찾기 위한 연구과제를 계속 수행합니다. 이 과정에서 창의성이 계발되는 것이죠. 이것을 디자인 사고(design thinking)라 지칭하겠습니다. 필요할 때 디자이너처럼 사고할 수 있는 창의적 사고는 이 시대 모든 직종에 필요한 개념이라 생각합니다. 그리고 약간의 노력과 시간을 할애하여 갖추어 갈 수 있다고 생각합니다.

이 책을 읽는 독자 여러분이 디자인을 직접 수행할 필요는 없습니다. 단지 디자인을 척 봤을 때, 취지를 이해할 수 있다면 그것으로 충분합니다. 지금 각자가 하고 있는 학업, 일과 연관 지어 적절한 디자인을 선택할 수 있다면 큰 능력이 되지 않을까요? 결국 선택의 판단력이 핵심 요소입니다. 그러다가 더 발전하여 스스로가 창의성까지 구사하게 되면 더욱 좋지 않겠어요?

한편, 디자이너들에게도 결정적 취약점은 있습니다. 경직되지 않은 유연한 사고력으로 흥미로운 아이디어는 많이 제시할 수 있으나 현실적 구현능력이 약합니다. 실현이 가능한 기술적 증명을 전제로 기획하고 설계하는 공학 엔지니어와는 달리, 아이디어를 먼저 추출하고 해결방법을 나중에 찾습니다. 그러다보니 실제로 채택되는 기획물이 극도로 제한 받게 되며 실현방법을 찾는 과정에 시간이 많이 소모됩니다. 저는 이 시간이 아까워요. 그러므로 디자이너들도 공유되는 기술에 관한 지식과 경험을 갖추어 가야 한다고 주장합니다. 반대로, 공학, 인문학, 사회과학을 수행하는 사람들은 디자인사고에 관한 이해를 시도해야 합니다. 기발하고 흥미로운 것을 제시할 수 있는 종합적 사고력을 구비하기 위함이며 결과를 도출하기까지의 시간을 줄일 수 있습니다. 그리고 시간이 곧 돈이므로 경비도 함께 절감되겠지요.

오픈소스문화의 확산은 종합적 사고력 계발을 촉진합니다. 타인의 성공, 실패 경험들을 공유하여 참조할 수 있습니다. 문제는 어떤 정보가 나에게 유용한지 그 분류와 체계적 습득에 대한 학습 로드맵을 세워야 하고, 실천을 병행하여 나의 것으로 만들어야 합니다.

온라인 커뮤니티들을 다녀 보면 디자인에 관한 많은 공개 정보들이 있습니다. 디자인은 모두에게 열려 있는 개념이고 누구나 디자인을 할 수 있습니다. 나에게 필요한 요소들만 추출한다면 말이지요. 이 책에서 계속 범위를 좁혀 가며 찾게 되기를 희망합니다.

1.2. 창의메이커

미국과 일본은 장기 불황을 겪었습니다. 그런데 최근 그 불황으로부터 서서히 벗어나고 있습니다. 저성장에 경기둔화 현상에 접어든 한국으로서는 미국과 일본의 경제, 산업 변화를 남의 일이라고 무심할 수가 없는데요, 두 나라의 변화를 주시하다보면 어려운 우리 여건에서도 가야 할 단서들이 찾아집니다. 저는 이 두 나라의 제조업이 새로운 양상을 띠며 움직이는 것에 주목합니다. 그 움직임 중 하나가 메이커 무브먼트(maker movement)입니다.

메이커 무브먼트는 오픈소스 및 웹(web)을 통해 누구나 자신이 원하는 것을 스스로 제작할 수 있게 합니다. 그리고 제조자 간에 서로 제작 과정 및 결과를 재공유할 수 있습니다. 제작자와 사용자 간의 경계가 허물어지는 동시에, 자신이 만든 결과물을 다른 이들과 서로 공유하며 피드백을 주고받는 새로운 시장구조입니다. 이러한 오픈소스에 기반 한 메이커 문화의 전 세계적인 확산을 메이커 무브먼트라하며, 이러한 문화적 기반 하에 만드는 사람이란 뜻의 '메이커' 라는 용어를 사용합니다.

메이커는 혼자서, 또는 몇 명이 모여 시판할 상품을 제조하는 소규모 창업의 형식을 갖고 있습니다. 메이커는 기획에서부터 제조, 마케팅과 판매 유통까지 경영의 전 과정을 이해하고 실천해야 합니다. 거기에 더하여 회계와 재무관리까지를 소규모의 구성원이 수행해야 하므로 무척 힘이 듭니다. 그러므로 즐거움을 동반하는 신념과 열정 없이는 지속해 갈 수가 없겠지요. 이 메이커의 성립조건 중 하나는 창의적 아이디어입니다. '창의메이커' 란 제조기술에 대한 이해를 바탕으로 창의적 아이디어를 제품과 서비스로 구현하고 그 개발 과정 및 기술을 공유하여 새로운 아이디어로 확대, 재생산 하는 선순환을 실현합니다.

2016년 현재, 일본에서는 '1인 메이커' 가 새로운 창업 트렌드로 자리 잡고 있습니다. 일본 언론은 현재 1만여 명의 1인 메이커가 활동하고 있는 것으로 추정하고 있습니다. 1인 메이커가 늘고 있는 현상은 제품 제작비용이 이전보다 저렴해진 영향이 크게 작용합니다. 온라인 기업 디엠엠닷컴(DMM. com)은 도쿄 아키하바라에서 유료 공방 'DMM.make 아키바(AKIBA)' 을 운영합니다. 이곳에서는 샌드블라스트(금속 표면을 깨끗하게 손질하는 기계), 3D(입체) 프린터 등 고가의 장비를 30분에 500엔(약 5400원) 정도의 비용으로 이용할 수 있습니다. 1인 메이커는 SNS나 유튜브 등 온라인을 활용해 홍보하기 때문에 거액의 홍보비용이 소요되지 않습니다. 방송국 NHK는 "1인 메이커들은 이전에는 일본에서 보기 어려웠던 자신만의 개성을 담은 독특한 제품들을 내놓으며 일본 제조업의 새로운 활력으로 떠오르고 있다"고 보도했습니다. 우리나라에서도 초기 벤처기업인 스타트업에 대한 관심과 투자가 생성되고 있습니다. 10대 대기업 그룹이 스타트업 투자와 육성에 나서고 있고요. 삼성, SK같은 IT사업 중심그룹 뿐만 아니라 한화, 현대차, 포스코, 롯데 등 대기업들도 최근 1~2년 새 스타트업 투자를 늘리고 있습니다. 새로운 성장 동력을 열망하는 기업들이 스타트업의 성공 가능성에 관심을 기울이기 시작했다는 분석이 나오고 있습니다.(2016.조선일보)

그림 1-1은 서울 연남동에 소재한 메이커 스페이스 공방 '릴리쿰' 보도 사진입니다. 여성 디자이너 3인이 공동 운영하는 릴리쿰은 망치, 샌딩머신, 인두기, 직소(jigsaw, 전기줄톱), 전기가마 등을 구비하고 기획한 제품을 직접 제조하여 납품합니다. 이들은 직장생활, 작가활동도 해본 유경험자들입니다. 각자 분야도 다르지만 기획에서 제조, 유통까지 본인들이 직접 해결해 가겠다는 의지로 공방을 창업했습니다.

창의메이커는 디자인 역량을 갖출 필요가 있습니다. 메이커를 대상으로 하는 디자인교육은 미술을 기반으로 하는 디자인교육과는 차별성을 지닌 새로운 내용으로 구성되어야 합니다. 형태와 색상에 관한 감성은 최소화하여 기본 개념만 이해한 후, 창의적 발상법을 계발하는 부분에 시간을 많이 투자합니다. 이를 통하여, 사용자중심의 설계 및 시장경제에 대한 이해를 바탕으로 소비자에게 주목 받을 수 있는 기획능력을 갖출 수 있습니다. 이는 과거 마케터, 디자이너, 엔지니어가 각각 분리되어 수행하던 업무를 융합하여 종합적 개발 능력을 구사하도록 합니다.

1-1. 한국의 메이커 스페이스 공방 '릴리쿰' (2016.조선일보)
워트샵 형식의 행사도 자주 개최하며 메이커 확산에 노력하고 있다.

자본력이 아주 빈약하고 경험이 미미한 스타트업 사업가가 시장에 진입하는 방법은 참신한 아이디어로 설득력을 발생시키는 방법 말고는 없습니다. 특히 시장을 형성하고 있는 경쟁업체들과 비교하여 기술력이나 서비스 비용 지출에 있어 대단히 취약하죠. 그러므로 많은 연구비가 소요되는 하이테크 아이템보다는 비교적 단순한 기술력으로도 구현이 가능한 로우테크(low tech) 개발에 관심을 갖는 것이 좋고, 부족한 기술과 내구성, 성능 등은 신선함이 느껴지는 가치들로 채우는 것이 유리합니다.

2014년 봄부터 학생들과 메이커 활동을 계속 해오고 있습니다. 한성대학교가 소재한 서울 삼선동은 디자인에 대한 투자를 부담스러워하는 사람들이 많이 살고 있습니다. 그러므로 저와 학생들이 할 일이 산재해 있습니다. 우리가 환영받는 활동을 할 수 있는 환경, 그리고 그 활동에서 소중한 현장 경험을 많이 할 수 있는 환경은 정말 감사한 것입니다.

우선, 우리가 해야 할 일의 방향과 조건을 정리해 봤습니다.

- 첫 째, 먼저 지역주민들의 생활, 라이프스타일을 이해한 후, 꼭 필요로 하는 것이 무엇일까 파악 하자 _ 아이템 선정 문제.
- 둘 째, 환경적으로 발생하는 여러 가지 문제들을 완화, 또는 해결해 줄 수 있는 방법을 주제로 삼자 _ 친환경소재 선정 및 제조 방식의 문제.
- 세 째, 장차 경제적 이윤(수익성)을 발생시킬 수 있는 가능성도 염두에 두고 진행하자 _ 경제적 가치의 문제.

사용자가 필요로 하는 니즈(needs)를 파악하는 첫 번째 문제해결은 한성대학교 대외협력팀의 조언과 도움을 받고 있습니다. 그리고 삼선동사무소(주민센터)와 주민자치단체로부터 많은 정보를 얻을 수 있었습니다. 두 번째 조항, 친환경적 해결방법으로는 폐기되는 물건들을 살펴서 해체 한 후, 재조립하는 업사이클링(upcycling)을 시도하기로 했습니다. 소재를 지속적으로 공급받을 수 있는 상황이 중요한데요, 학교에서 폐기 대상으로 나오는 가구나 비품들을 학교 측의 협조를 얻어서 우리가 먼저 얻어 갈 수 있도록 배려 받았습니다. 이것은 적정기술(appropriate technology)[1]과 관련이 있습니다. 해당 지역에서 가장 구하기 쉽고 흔한 소재를 찾아 가공한다는 개념인 바, 세 번째 해결문제인 비용절감, 가격경쟁력 형성과 깊은 연관성이 있습니다. 그렇게 만들어낸 결과들을 보여 드리겠습니다.

그림 1-2와 3의 두 이미지는 바닥에서 좌식생활을 하는 할머니를 위한 것입니다. 이 할머니는 무릎이 퇴화되어 몸을 일으킬 시, '무릎에 통증을 있다' 고 이야기 해 주셨습니다. 이에, 안방에서 일어날 때, 두 팔로 몸을 기대어 통증을 완화하며 몸을 세울 수 있는 보조기구를 만들었습니다. 그리고 가능하면 의자에 앉아 생활하시기를 권하는 의

1-2. 생활보조 가구(좌), 1-3. 조립 상태에서의 신체 하중 안전 검사(우), 정영우, 이가란, 2014.

1 적정기술(appropriate technology)은 큰 자본을 투입하여 대량생산을 하는 거대기술과는 달리, 현지의 재료와 작은 자본, 그리고 비교적 단순한 기술을 활용하여 해당지역 사람들에 의해(또는 협업으로) 이루어지는 소규모 생산 활동을 목표로 한다.

미에서 앉을 수 있는 의자를 겸한 디자인을 설계하였습니다. 디자인 결과물은 심미적으로 매우 투박하며 단순한 형태를 지니고 있는데요, 최소한의 제조비용을 산출하여 설계하였으므로 미적요소가 많이 배제 되었기 때문입니다. 장식과 채색 등은 보조금을 받아 생활하는 저소득자에게 제조원가를 상승시키는 부담스러운 요소라 판단하여 배제되었습니다.

다음은 비영리법인 방과 후 학교를 위해 업사이클링한 책장입니다. 원형은 한성대학교 우편함이었습니다. 폐기대상으로 방출된 것을 받아와서 개조하고 식물에서 추출한 천연도료로 채색했습니다.

관공서와 주민들과의 신뢰관계가 형성되어가는 2015년 이후는 구청, 동사무소 및 주민자치단체로 부터 프로젝트를 의뢰 받고 있습니다. 하나는 동 내 옥외의자 제작, 설치이며 다른 한 가지는 동 안내 표지판(사인보드) 제작 설치 건입니다. 삼선동은 경사가 급한 언덕이 많은 지역 특성을 가지고 있습니다. 때문에 보행 중간에 앉아 쉬어 갈 수 있는 공공 의자의 필요성이 제기 되었습니다. 현장답사와 주민들과의 인터뷰를 하여 총 8개 지점에 의자를 제작하고 설치하였습니다. 학생들은 팀을 구성하여 현장을 답사하고 주민들과의 논의 과정을 거쳐 적절한 위치를 결정했습니다. 그리고 동사무소의 행정적 지원을 받아 의자에 공공자산 인가를 받았습니다.

1-4. 도색작업(상), 1-5. 책장(하).
김병훈, 김지현, 서범준, 유상금, 2014.

1-6. 주민 소유 의자와 새 목재를 혼합한 옥외의자
곽윤영, 김진경, 조미정, 2015.

1-7. 성벽과 둘레길 설치물과의 환경 조화.
권오성, 김채린, 2015.

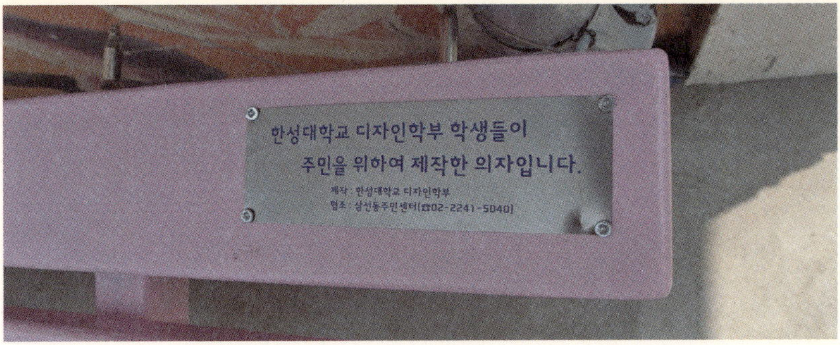

1-8. 공공성 부여 (주민센터 발행 금속 라벨)

삼선동은 1950~60년대의 오래된 가옥들이 남아 있으며 자연발생적으로 형성된 골목들이 있어 길 찾기가 복잡한 동네 입니다. 이에 주민자치단체와 주민센터의 의뢰를 받아 보행자들을 위한 안내 표지판을 착수하였습니다. 주민센터로부터 소재와 제작비를 지원받기로 하였고 이를 학교 산학협력단과의 계약체결로 수행하였습니다. 방법은 의자와 동일하게 문제 중심 학습(PBL)으로 해결해 갔으며 업 사이클링 기법을 사용하였습니다. 사진은 주민센터가 재료로 활용하기를 요청하여 제공한 목재입니다. 이 목재는 성북천이 복개 되었을 때 이를 기념하기 위하여 제작된 목재보드입니다. 당시 주민들이 목재 위에 글을 써서 이를 전시하였다고 합니다. 기념행사가 종료 된 후, 이를 주민센터 창고에 보관하다가 저희에게 재활용을 의뢰하였습니다.

집성목인데 두께가 30mm나 되어 무게가 상당한데다가, 자유곡선으로 절단되어 있어서 재구성하기가 쉽지 않았어요.

1-9. 재활용을 의뢰 받은 목재

1-10. 절단 및 가공 과정

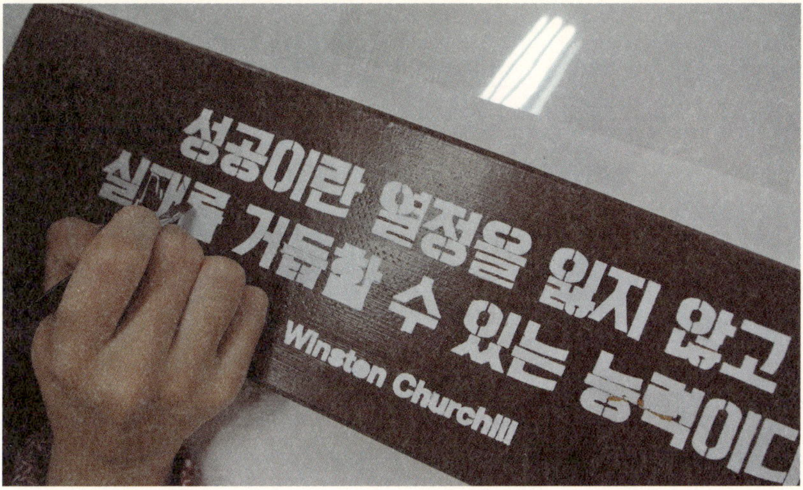

1-11. 채색 및 문구 도색 과정

1-12. 성곽 밑 공원 입구 설치 종료 사인보드
김백산, 김태연, 신현섭, 임재혁, 2015.

몇 가지 아이템들을 개발하여 실험해 봤습니다만, 앞으로도 해야 할 일들이 많습니다. 특히 다음과 같은 요소들을 조명해 나가야 합니다.

- 메이커 사업의 스타일, 정체성이 중요하다. 소비자들에게 분명하게 브랜드가 인식 될 수 있는 차별화 된 스타일을 구현해야 한다. 그리고 기업 전략을 면밀하게 수립하여 일관성 있는 운영과 관리로 정체성을 세워 나가야 한다. 이러한 개념 없이는 시장 진입에 성공 할 가능성이 희박하며 장차 발생할 어려움들을 극복할 수 없다. 좀 더 구체적으로 언급을 하면 기업철학과 신념을 구성원들이 세워야 하며 이를 지지하는 소비자층이 형성될 때 비로소 브랜드가치가 발생할 것이다. 아이템과 개발 프로세스는 이 전략을 바탕으로 동일한 메시지를 담은 것들이어야 한다.
- 디자인 대상의 범위를 제한적으로 설정하여 시작해야 한다. 즉 '어떤 물품을 업사이클링 할것인가?' 그리고 그 업사이클링 디자인이 소비자들에게 충분히 매력적이며 필요한 것인지 검토해야 한다. 그러므로 소비자를 세분화(세그멘테이션; segmentation)하여 누구를 대상으로 타깃(target)할 것인지 목표 시장을 설정해야 한다. 이 목표시장은 업사이클링의 개념을 이해하고 취지를 받아들일 수 있는 의식을 갖춘 대상으로 함이 마땅하며 그들을 파악해야 한다.
- 디자인 방식에 있어 '어떤 스타일로 리모델링 할 것인가?' 하는 가시적인 개성과 독특함이 형성되어야 한다. 품질이 우수한 수많은 완제품이 있는 상황에서 업사이클링 제품은 상대적으로 기능과 내구성, 그리고 디자인면에서 취약할 수 있다. 그러므로 그 개성과 담긴 의미를 소비자들에게 긍정적으로 전달하는 마케팅 전략이 매우 중요해진다.

그리고 이 세 가지 문제에 일관성을 부여하여 차별화 하여야 합니다. 그래야 개성이 인지되면 서 브랜드화 됩니다. 이 때 ①시장상황, ②소비자 의식과 가치관의 트렌드를 면밀하게 살펴보고 판단하여야 합니다. 사업의 형태는 작게 출발하여도 무방하고요. 공방 형식의 디자인숍으로 운영하되 개발자의 직접적인 수작업 제조가 가미된 제품을 생산, 공급함이 좋습니다. 그래야 진정성을 담은 차별화에 다가갈 수 있습니다. 그러므로 일정한 제조방식 개발이 필요합니다.

특히 규격화되고 표준화된 공유부품을 개발하여 비숙련자들도 조립이 가능하게 해 주고 동시에 제조 단가를 낮추는 연구를 병행해야 합니다.

이윤 2

디자인은 경제와 같이간다

2.1. 디자인은 경제와 같이간다

디자인은 생성 자체가 소비시장을 촉진시켜 경제적 이윤을 확대하기 위한 취지로 만들어졌습니다. 그리고 대량생산에 적합한 조형미를 개발하면서 20세기 산업시대 및 자본주의와 함께 변천해 왔습니다. 그래서 순수하지 못합니다. 나쁘다는 뜻이 아니고, 예술과는 구분되는 비즈니스의 성격을 지니고 있다는 의미입니다.

모든 상품은 디자인과 관련을 맺습니다. 소비자가 상품을 대면했을 때 시각적으로 인지하는 첫 단계에서 매력을 느껴야 함이 당연한데, 이 시각적 요소가 디자인입니다. 이것은 표피적 상황이고 디자인과 창의성 및 경영의 관계는 상품에 담겨 있는 내면적 상태입니다.

그리고 이 두 가지를 형성하는 기저는 경제와 관계가 있습니다. 사람은 경제활동을 하면서 살아가야 하고 생산성으로 평가를 받는 경우가 많으므로 우리는 소비자(사람)와 시장 흐름(경제)에 관한 이해와 통찰력을 갖고 있어야 합니다.

디자인은 경제와 산업발달의 필요성에 의해 형성되었습니다. 그리고 시장 변화에 따라 변천 하였습니다. 살림이 넉넉해지는 호황기에는 인문과 예술에 관한 수요가 늘어납니다. 따라서 이 분야의 투자도 적극적으로 증가하는데 인문학과 예술적 요소를 많이 담고 있는 디자인 역시 투자가 증가합니다. 반면 경기가 좋지 않으면 디자인 투자를 줄이게 됩니다. 필수적 요소라고 생각하지 않는 것이지요.

19세기의 독일 통계학자 엥겔(Engel)은 '엥겔계수'라는 이론을 제시하였습니다. 소득 대비 식비(食費)지출을 말하는 것으로, 소득이 낮은 가정일수록 전체 생계비 중에서 식료품 구입비가 차지하는 비율이 높다는 것이죠. 이 수치는 삶의 질이 향상되면 점차로 낮아지는데요, 생계유지에 가장 중요한 식품구입 보다는 문화생활에 더 많은 비용을 사용하게 됩니다. 디자인산업은 일종의 문화생활이요, 정서적 만족감을 주는 역할을 합니다. 그래서 불황이 밀어닥쳐 '먹을 것'에 대한 걱정이 늘어가는 상황에서는 디자인을 생각할 여유가 생기지 않는다고 이해할 수 있습니다. 경기가 갑자기 침체하면 디자인에 대한 투자를 줄이게 되고 그 시장 역시 위축 되는 것입니다. 반면, 경기가 좋아지고, 소비자들의 민생이 어느 정도 해결되어 가면 사람들은 정신적 여유를 갖게 되고, 지출에 있어서도 어떤 품질의 어느 물건에 대해서는 최대 얼마까지 지불하면서 살 수 있다는 생각을 갖게 됩니다.

즉 엥겔계수가 낮아지면서 생기는 여유자산으로 생활의 만족도를 높이는 시도를 하게 되는데, 그 중 한 가지가 디자인입니다. 그렇다면 불황기에는 모든 산업분야가 다 얼어붙는가? 아닙니다. 과학과 기술에 관한 관심도는 높아집니다. 실용적이며 생산성을 빠르게 높여 줄 활로이기 때문에 관심이 집중되지요. 이 '실용성'과 '생산성'이라는 말을 기억해 주세요. 우리 모두는 어려움이 증가 할수록 이 부분에 주목해야 합니다. 사회 수요가 늘어나기 때문입니다.

전 세계적 경제 불황이 계속되면서 한국의 경제 사정도 어렵다는 우려의 관측이 많습니다. 실업률이 높아지고 자영업 매출은 저조하며 중산층의 살림살이가 악화되고 있는 등 고속성장의 호황은 옛날일로 인식됩니다.

그래도 중국사회의 극심한 양극화나 일본, 미국, 유럽 국가들이 겪은 불황의 진동에 비하면 상대적으로 괴로움이 덜한 편입니다. 한국 경제의 성장과정은 이미 갖추어진 내수 시장이나 특정 산업에 기대어 성장했던 다른 나라와는 질적인 면에서 다릅니다. 우리나라는 인구가 적고, 산업 기반도 전무한 상태에서 개발을 시작했어요. 제한된 자원을 전략산업에 집중해 글로벌 경쟁력을 갖춘 산업을 하나씩 키웠고, 그 과정에서 인구도 함께 늘어났습니다. 그 결과 핀란드, 스위스, 싱가포르와 같이 IT나 금융 같은 특정 산업에만 기대지 않고, 반도체, 철강, 자동차, 건설, 전기전자, 문화콘텐츠 등 다양한 분야에서 세계 최고 수준의 경쟁력을 갖춘 산업 포트폴리오를 제시할 수 있었습니다. 그리고 인구도 중간규모 이상인 경제구조를 만들어낼 수 있었습니다.

핀란드경제는 노키아가 흔들리면서 큰 타격을 받았지만[2] 한국은 주력산업이 10여개에 달하여 한 두 개 업종이 위기에 몰려도 그 충격

2 그러나 핀란드는 사회복지 선진국이다. 2012년, 노키아 해직자는 큰 액수의 퇴직보상금, 실업수당과 중소기업 취업이 보장되었다. 2016년, 한국의 대형 조선사 실직자와 비교하였을 때, 노키아 해직자 쪽이 훨씬 큰 보상을 받았다.

을 흡수할 힘이 있습니다. 2008년 금융위기 때 우리 경제가 건설, 조선 업종에서 타격을 입고도 반도체, 자동차 등 타 업종의 선전에 힘입어 성장률을 회복한 것이 좋은 예입니다. 이러한 기반을 가지고 있으므로 향후 대면하는 여러 어려움들을 극복하리라 생각합니다. 다만, 20세기 산업화시대의 방법과 같이 많은 것을 희생시켜가며 개발우선주의로 밀어 붙여서는 곤란합니다. 새로운 변화를 민감하게 감지하여 높은 판단력으로 노력의 방향을 선택하고 집중해야 잘 될 것입니다. 반드시 그렇게 되어야 합니다. 그럼 바꾸어야 할 20세기적 가치관은 무엇이며 우리가 가야 할 방향과 방법은 무엇인지, 책 후반부에서 논의 하도록 하겠습니다.

우선 디자인과 경제의 관계부터 알아보면요, 디자인 자체가 '경제의 산물' 입니다. 경제가 활성화되고 일반 소비자의 생활이 윤택해지면 자연스럽게 차별화된 '나만의 것' , 또는 '나의 개성과 정체성' 에 대한 욕구가 발생하기 마련입니다. 반대로 경기가 침체되어 매일 일상의 생계유지가 어려워지면 디자인은 당장 '사치' 로 구별되어 지출순위에서 밑으로 밀려납니다. 엥겔의 이론에서 알아 본 바와 같아요. 그러나 시장경제에서 디자인을 '사치' 라고 볼 수는 없습니다. 왜냐하면 사람이 먹고사는 물질적인 문제만 해결되었다고 해서 삶의 조건이 다 갖춰졌다고 볼 수 없기 때문이에요. 디자인의 발전에는 필연적으로 경제 성장과 소비사회의 변화가 영향을 끼칩니다. 특히 소득이 높아지고 경제규모가 증대하면 소비자가 주도하고 주체를 이루는 시장이 생성됩니다. 그리고 더욱 다양하고 개성 있는 디자인의 세분화가 이루어집니다. 세계인의 사랑을 받는 디자인이 많이 축적된 국가들,

가령 영국, 프랑스, 이탈리아, 일본 등은 문화강국임에 의심의 여지가 없습니다. 그러나 디자인과 문화수준이라는 것은 매우 복합적인 요소들에 의해 형성됩니다. 국민의 지적, 정서적 의식수준이 함께 높아야 하고, 높은 소득수준 같은 국가 인프라가 탄탄해야 가능 합니다. 그리고 각 산업이 균형 있게 발달해 있어야 하고, 특히 총체적 경제력이 뒷받침해 주지 않으면 디자인의 성장은 기대하기 어렵습니다.

몇몇 석유 산유국들이 국민소득에 있어서는 엄청난 부를 갖고 있는 듯 보이지만 그 나라들의 디자인이 알려지지 않는 것은 국가의 산업과 국민 의식이 균형 있게 발달하지 않았기 때문입니다. 그러므로 디자인은 그 나라와 국민의 총합적 수준을 보여주는 지표라고 해도 지나친 생각이 아니에요. 앞에서 경기가 좋지 않을 때는 디자인 투자가 줄어든다 하였습니다. 디자인을 표면적이고 장식적인 요소로 인식해서 그렇습니다. 그렇다면 디자인이 보다 근본적인 문제를 해결해주고 특히 생산성을 높여 산업을 활성화시키는 역할을 한다면 이야기가 달라질 것입니다. 이 같은 내용들을 산업화의 흐름과 사람들의 라이프스타일 변천에 연관지어 3장에서 구체적으로 이해해 보도록 하겠습니다. 3장은 디자인의 역사를 간략하게 요약해 봤습니다. 오로지 경제 상황과 산업 변천에 따른 디자인 스타일의 변천으로 초점을 맞추어 기술합니다. 디자인은 태생부터가 경제적 필요성에 의해 형성되었고 그 변화 역시 시장경제와 아주 밀접한 관계가 있습니다. 이 점이 예술과 다른 부분이지요. 디자인의 성격은 경영에 더 가깝습니다.

흐름 3

모더니즘과 포스트모더니즘

3.1. 화려한 장식의 초기디자인

19세기 초. 영국에서 시작된 산업혁명은 경제와 산업구조 변혁에 커다란 영향을 가져옵니다. 석탄을 태워 끓인 물로 생성되는 증기의 힘과 더 나중에는 발전소의 전기로 작동되는 기계가 대량생산체제를 가능하게 합니다. 대규모 공장이 설립되어 기계로 제조된 생산품들이 대량으로 공급됩니다. 페니 스파크는 저서 '디자인의 탄생' 에서 사람들의 심리적 욕구변화를 설명합니다.

> 이 새로운 제조형태는 영국에서 시작되어 유럽과 북아메리카로 퍼져 나갔다. 이런 '새로운 방식' 은 단순히 이익을 위해서 물건을 좀 더 빨리, 값싸게, 효과적으로 만들 수 있도록 기술자들이 개발한 생산 공정이나 기계발명이 전부가 아니다. 이것은 갑작스러운 상품의 수요증가에 적절히 대응할 수 있는 방식이기도 하다. 이 당시 사람들은 전에 없이 경제적 여유가 생겼고 물건에 있어서 기본적 기능으로만 만족했던 그전과 달리 그 이상을 원하게 되자 상품의 수요가 늘어났다. 사람들은 1750년대 경기확장 이전까지는 몇 벌의 옷가지나 침구나 커튼을 비롯하여 세라믹 식기나 가구 같은 비교적 많지 않은 생필품을

만들어 사용했다. 그러나 경기부흥(산업혁명) 이후에는 생활을 좀 더 편리하게 해 주고 남들에게 보여서 자신의 사회적 지위를 나타낼 수 있는 상품을 찾기 시작했다.[3]

대량생산체제의 한 가지 사례를 들면, 당시 영국은 식민지인 인도, 호주, 남아프리카 등에서 저가로 수입한 면화로 방직물을 만들고 고가로 수출해 그 수익으로 큰 부를 누리고 있었습니다. 그 직물을 베틀 앞에서 사람이 천을 짜는 방식이 아닌, 기계가 일을 대신 맡음으로써 생산성을 크게 높이게 됩니다. 그러나 기계가 생산하는 초기 제품들은 그 질이 조악하여 경쟁력이 약화되는 현상이 보여 졌습니다. 이것을 우려한 영국정부가 생각한 것이 '기계에 의해 생산되는 상품(제품)에도 미적가치를 부여하여 경쟁력을 높이자' 는 시도였고 이를 디자인 발생의 시작으로 봅니다.

경제적 필요성에 의해 디자인이라는 분야가 요구되어진 것입니다. 직물만이 아니고, 초기 산업혁명의 대량생산제품들은 그 질이 매우 낮았습니다. 그래서 부유 층만이 구입 가능한 여전히 수공예 적이고 값비싼 용품이 있었습니다. 시장이 양극화 되어 있는 현상입니다. 이에 문제의식을 가졌던 사람들에 의해 최초의 디자인 운동이 시작됩니다.

19세기 후반에는 영국에서 윌리엄 모리스(William Morris)를 중심으로 미술공예운동(The Art and Craft Movement)이 추진되었습니다.

3 페니 스파크 '디자인의 탄생', p.19.

3-1. 윌리엄 모리스.(1834~1896)

3-2.윌리엄 모리스의 '데이지 무늬 벽지'.

모리스는 가구, 스테인드글라스, 벽지, 타일, 벽화, 태피스트리 자수, 인쇄, 책 표지 장정 등 많은 분야에 걸쳐 탁월한 재능을 갖고 있었습니다. 모리스와 그의 동료들은 저급한 질의 대량생산품을 부정적으로 보았어요. 그들은 생활용품에 미적가치를 부여하여 많은 사용자들에게 보다 좋은 가치를 제공해 주고자 하는 '공익정신'에서 출발하였습니다. 당시 확산되고 있던 민주주의와 맥락이 닿아 있다고 판단됩니다.

미술공예운동은 중세의 공방을 이상적인 작업방식으로 간주하고 양식적으로도 중세의 소박한 양식을 추구하였습니다. 그러나 대체로 모리스의 사상과 실천은 복고주의, 엘리트적 실천, 기계생산의 부정이라는 시대착오적인 한계와 모순을 갖고 있었습니다. 이 운동의 추진력은 특정한 조형적 목적성보다는 다분히 도덕성에 기초한 것이었으며, 이후 아르누보와 근대디자인 운동에 영향을 미치게 됩니다.

윌리엄 모리스가 디자인하고 그가 설립한 회사에서 만든 벽지를 보면 수수한 데이지를 단순하게 도안하여 화려한 장식품 보다는 평범한 사람들을 위한 소박하고 실용적인 것을 제공하고픈 모리스의 사상이 담겨 있습니다. 그런데 벽지를 비롯한 가구, 직물 등 인테리어 용품 일체를 취급하던 그의 회사는 그 사상의 '순수성'을 중요시하여 모든 용품을 기계가 아닌 수작업으로 제조하였습니다. 그 결과 모리스의 제품들은 일반인들은 꿈도 꿀 수 없는 비싼 사치품이 되고 말았습니다. 의도했던 바와는 다른 결과가 발생하였는데요, 생산방식, 가격, 시장의 관계, 구매자 소득수준의 종합적 연계가 상품기획에 있어 중요하다는 점을 시사하고 있습니다.

19세기 말에서 20세기 초에 이르는 서구문명은 제국주의를 바탕으로 자본주의를 확장시켜 갔습니다. 고가의 장식이 풍미하는 제품들을 구입할 여력이 있는 소비자층이 있었습니다. 이에 아름다움은 곧 장식이 많아야 한다는 미적사고는 아르누보로 이어집니다. 아르누보(Art Nouveau)는 1880년대부터 제1차 세계대전 무렵까지 유럽과 미국 등지에서 건축, 조각, 회화, 공예, 디자인 등 모든 장르에서 혁신을 불러일으킨 유행입니다. 이 경향은 선, 색채, 면과 형태라는 조형적 요소에 새로운 장식적 가치를 부가하였으며, 종합적인 디자인 수단으로서 의미도 얻게 되었습니다.

아르누보는 장식성에 크게 의존하고 있어서 일종의 과도기적인 장르였지만, 근대적 대량생산을 반영하는 주철 및 연철 주조 기법과 알루미늄, 유리와 같은 새로운 소재의 가능성들을 탐구한 성과가 있었습니다. 그리고 아르누보는 대량생산을 전제로 하고, 실현을 위한 실험을 진행했다는 점, 즉 시장과 생산의 관점에서 디자인을 다루었다는 것에도 의미가 있습니다.

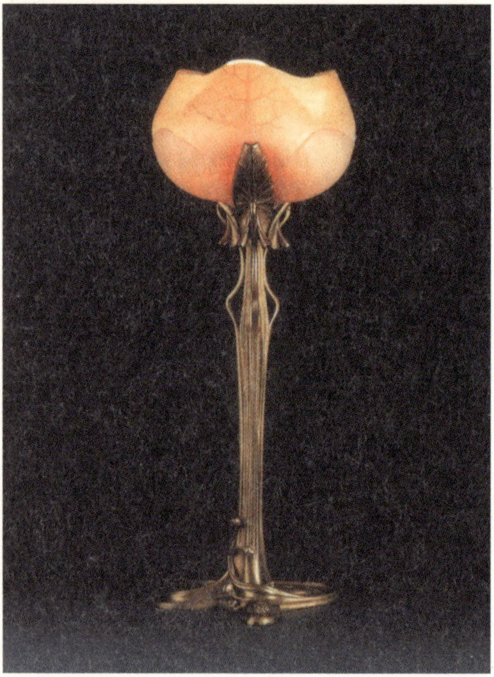

3-3. 프랑스의 아르누보 조명, 루이 마조렐, 1902.[4]

4 안 보니, '디자인에 대해 알고 싶은 모든 것들', 다빈치, p.41.

3.2. 기능성을 우선시하는 디자인

20세기로 접어들어 근대 산업화가 빠르게 진행되는 가운데, 기계의 역할을 강조하고, 더 큰 합리성과 효율성을 지향하려는 움직임은 기하학적 형태의 영향을 받은 보다 단순함을 추구한다는 방향으로 가게 됩니다. 이러한 현대적 디자인의 개념이 시도한 나라는 산업화를 비교적 늦게 시작된 독일이었습니다.

19세기 후반에 늦은 정치적 통일을 이룩한 독일은 국력강화에 총력을 기울였습니다. 철강과 석탄생산량이 많았던 독일은 특히 산업화에 힘을 쏟게 되는데, 그 일환으로 1907년 독일공작연맹(Deutscher Werkbund)을 창설합니다. 독일공작연맹 도이치 베르크분트는 뮌헨에서 결성된 디자인 진흥단체로서, 미술과 산업의 협력에 의해 공업제품의 양질화와 규격화를 도모했다는 점이 의미가 크지요. 특히 공산품규격화(standardization)는 대량생산체제가 활성화하는데 필수적인 부분입니다. 그리고 베르크분트는 대량생산에 유리한 합리적이면서 단순한 디자인을 추구합니다. 여기에서 빠른 산업화를 위하여 단순한 디자인을 추구한다는 대목을 기억해 둘 필요가 있어요. 이러한 성과는 이 후 교육기관인 바우하우스 설립에도 영향을 주게 됩니다.

산업화사회가 요구하는 현대 디자인의 개념을 본격적으로 정립한 시도는 독일의 바우하우스(Bauhaus)에서 나왔다고 보는 것이 좋겠습니다. 바우하우스는 1919년에 도이치 베르크분트의 멤버로 활동했던 발터 그로피우스를 중심으로 탄생된 국립 디자인 대학입니다. 도이치 베르크분트 중심의 독일 디자인 운동은 대량생산 기술과 제품의 생산성에 의해 결정되는 기하학적이고 순수한 형태의 디자인을 모든 공예 제품에 구현함으로써 20세기 모더니즘(Modernism) 디자인 운동의 바탕을 마련하였습니다. 다음 그림 3-4에서 보여 지는 학교 엠블렘(emblem)에서 그러한 의지가 잘 반영되어 있습니다.

바우하우스의 합리적이고 기능주의적인 디자인 교육도 이와 같은 20세기 초 독일의 산업과 사회 그리고 문화의 대세였던 디자인 개혁 운동에서 비롯되었습니다. 간결하고 장식이 없는 형태는 대량생산에 유리했습니다. 여기에서 '순수하고 간결한 형태가 미적가치'를 지닌다는 모더니즘 디자인이 나오게 됩니다. 높은 생산성과 경제적 가치가 미적가치를 결정짓는 최초의 시도가 이루어진 것입니다. 순수하고 간결한 미적형태는 제2차 세계대전 이후 '국제주의양식'으로 불리며 전 세계적인 보편적 가치로 자리 잡게 됩니다. 바우하우스가 추구하였던 이념은 매우 민주주의적인 것이어서, 대량생산품에 높은 품격, 즉 미적가치를 부여하고 간결한 디자인과 설계를 통하여 높은 경제성을 유지하자는 데에 있었습니다. 여기서 말하는 높은 경제성이라는 것은 생산성을 높여 소비자 가격의 인하를 가능하게 했다는 부분을 말합니다. 그러므로 보다 많은 대중이 사용할 수 있는 좋은 가치를 창출하자는 취지에서 민주적이라고 의미를 부여할 수 있지요.

제1차 세계대전이 종전된 후, 영국과 프랑스는 확실히 노후화 하는 기색을 보였습니다. 커다란 제국을 유지 하는 데에 19세기적 제국주의만 가지고는 무리수가 너무 많았던 것입니다. 경기도 침체되었고

5 안 보니, '디자인에 대해 알고 싶은 모든 것들', 다빈치, p.74.

KARTE NR. 14

STAATLICHES BAUHAUS-WEIMAR-

STAATL. BAUHAUS WEIMAR

AUSWEIS

FÜR

AM STAATLICHEN BAUHAUS IN WEIMAR

FÜR DIE ZEIT VOM 12. 1. 23 BIS April 23

UNTERSCHRIFT

DES SYNDIKUS DES INHABERS

WEIMAR, DEN 12. 1. 23

DIESE KARTE IST BEIM ABLAUF ODER BEIM AUSTRITT AUS DEM STAATLICHEN BAUHAUSE VOM INHABER ZURÜCKZUGEBEN

3-4. 바우하우스 학생증

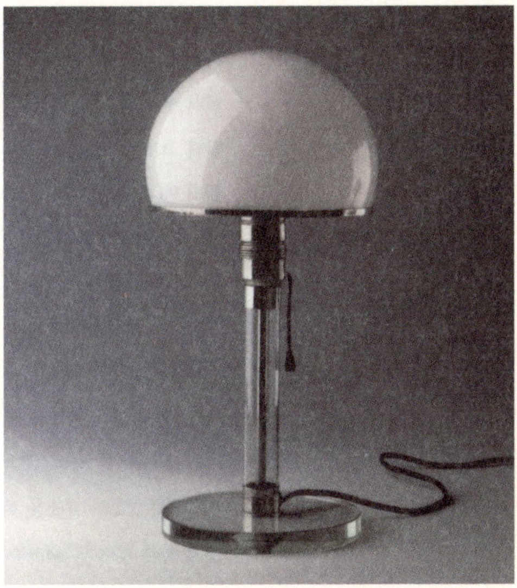

3-5. 바우하우스 철제공방에서 제작된 조명,
K.J.유커, W.버겐펠트 작품, 1923-24.[5]

그것이 대공황이라는 경제 불황과 이어지면서 대혼란이 야기되었습니다. 독일은 패전국이라는 부담[6]에 대공황이 겹치면서 독일경제는 최악의 사태에 직면합니다. 그래서 가장 합리적이고 경제적인 생산 시스템과 그것에 적합한 디자인을 필요로 할 수 밖에 없었습니다. 독일은 높은 지적, 교육수준이라는 인프라가 있는 국가였기에, 그리고 산업화의 기반이 있었으므로, 경제적 요구와 맞물려 새롭고 합리적인 '디자인'의 길을 제시할 수 있었습니다. 따라서 바우하우스의 선각자들이 제시한 디자인 방법은 높은 생산성을 갖추어 많은 대중에게 유익한 디자인을 제시하자는 필연적인 결과, 즉 '살기 위한 시도'였지 새로운 미적가치를 실험하자는 낭만적인 접근으로 볼 수 없습니다.

독일의 바우하우스가 제시한 혁신적인 디자인은 제2차 세계대전이 끝나는 1945년 이 후 미국에서 빛을 보게 됩니다. 이 모더니즘(modernism)은 기하학적인 형태에 바탕을 두어 간결하고 절제된 미학을 완성하였습니다. 그리고 제품의 기능에 우선을 두어 형태는 기능에 의해 결정지어진 합리성에 의해 결정된다는 논리를 발전시켜 나갔습니다.

6 1919년에 체결된 베르사이유 강화조약은 독일 영토의 일부를 주변국들에게 할양하였고 특히, 독일에게 천문학적인 전쟁 배상금을 부과했다.

3-6. 1924년에 바우하우스 공방에서 제작된 홍차세트, 원작은 마리안네 브란트, 1924년. 이미지는 1985년에 이탈리아 알레시사에서 재생산 한 리메이크.

3.3. 모더니즘과 자본주의의 팽창

제2차 세계대전 후 미국의 호경기는 많은 산업디자이너들에게 기회를 주었고, 미국의 기업들은 디자인을 전형적인 소비문화의 상징으로 이용하여 세속적인 대중문화의 모습으로 전개시켰습니다. 1930년대 말부터 미국이 성취해가던 자본적 우위는 다양한 유형의 디자인 서비스를 제공해주는 디자인컨설팅(design consulting)이라는 직종을 낳았습니다. 디자인이 경영에 반영되어 이윤의 확대를 시작한 것입니다. 미국 디자이너들은 유럽 디자인운동의 영향도 받았지만, 과거의 관례와 전통에 대한 개념적 제한을 느끼지 않는 면도 있었으며 미국은 디자인을 미국적 상업주의에 편승하여 자신들의 스타일과 영감을 구현하였습니다.

모더니즘, 그리고 포스트모더니즘(Postmodernism)은 사상과 철학, 문학, 미술, 건축, 디자인 등에 다방면적으로 생활문화 전반에 영향을 끼친 현상입니다. 모더니즘의 특징은 비교적 단일한 절대양식, 또는 가치관을 추구하였는데, 이른 바, 동서냉전의 이데올로기의 양극화와 같은 정치, 사회상황과 부합되었고, 본격적인 대량생산 소비사회가 열리면서 높은 생산성에 적합하다는 경제적 요구에 적절한 양식이었습니다. 반면, 포스트모더니즘은 다양성, 모호함, 개인의 개성존중, 복고적 취향, 장식주의의 부활 등 모더니즘과는 다른 양상을 갖는 이념으로 다가옵니다. 이 문제는 뒤에 다시 다루기로 하고 우선 모더니즘의 개념을 이야기하겠습니다.

3-7. 식기디자인, 시구르드 페르손,
스웨덴항공 (SAS)을 위한 기내식기. 1959

그림 3-7의 식기는 모더니즘의 성격을 압축적으로 보여줍니다. 단순하고 기하학적인 간결함. 섬세하지는 않지만 절제된 미적가치를 보편화시킨 모더니즘의 사상은 바로 생산성과 직결되죠.

플라스틱 사출에 의해 제조된 이 식기들은 그 단순한 금형설계로 인하여 제작단가를 낮출 수 있어 경제적입니다. 그리고 가볍고, 잘 깨어지지 않으며 마모도 잘 되지 않는 오랜 사용수명을 유지합니다. 그리고 보관 시, 부엌가구에 적층시킬 수 있어 공간의 효율성을 높여줍니다. 모더니즘을 제품디자인에서는 다른 말로 '기능주의'라고 부르는 원리가 여기에 있습니다. 또 한 가지 사실을 언급해야 하자면, 매우 '민주적'입니다. 비교적 저렴하면서도 조악해 보이지 않는 심미성은 부유층, 중산층은 물론 서민도 구입할 수 가 있어 '좋은 디자인이란 보다 널리, 그리고 고루 혜택을 누려야한다'는 바우하우스의 이상을 실현 시켰다고 볼 수 있습니다. 이러한 모더니즘은 1920년대에 발생하여 1960년대 말까지 세계적으로 풍미하였습니다. 확장하는 산업화에 최선의 형태이기 때문이었습니다. 다음에 제시하는 유명한 두 의자디자인은 모더니즘의 취지와 특성이 더욱 선명하게 표현되어 있습니다.

이정혜(2004)는 모더니즘에 관하여 다음과 같이 평합니다. '기능을 우선시하여 디자인된 형태가 곧바로 지루하고 재미없는 양식으로 귀결되는 것만은 아니다. 형태, 즉 양식보다 중요한 속성은 디자인이 사물의 생산에 관여하는 방식에 있다. (중략) 디자이너는 자기표현의 의지를 최소화하고, 금욕적이고 순수하며 성실한 직업적 태도를 견지하여 최적화된 수치를 찾아야만 했다. 좀 더 포괄적인 관점에서 보자

3-8. 보핑거 의자. 베츠너 건축사무소 제조. 1964년에 첫 시판되어 1984년에 단종. 그러나 수많은 모방품에 영향을 끼쳐, 유사한 디자인은 현재까지 지속적으로 생산되고 있다. 비슷한 소재와 디자인의 수많은 야외용 의자들의 원형은 보핑거에서 온 것이다.

3-9. 미국 가구회사 허먼밀러에서 1992년 출시한 이 디자인은 현재 우리가 흔하게 보는 사무용의자이다. 대량생산에 용이하며 모든 부품은 규격화되어 교체가 가능하다. 사용자의 편의성을 최우선적으로 고려하여 기능성이 높으므로 디자인의 목적이 분명하다.

면, 디자이너는 개인의 작업이 아닌 생산의 과정 속에서 결정되는 공리적인 값으로서 형태를 찾게 된다. 말하자면 '형태는 생산 또는 소비를 따른다'. 형태가 기능적이어야 한다는 요구는 '단순한 것이 좋은 것이다'라는 말과는 다른 차원에 서 있는 것입니다. 기능주의의 본질은 사물이 그 목적에 충실해야 한다는 것이며, 또한 어떤 사물이든 그것이 상품으로서 유통되는 한 그 목적은 상품으로서의 가치를 높여야 한다는 것이지요.[7]

3.4. 포스트모더니즘이란?

제2차 세계대전 이후 서방국가들이 빈곤으로부터 벗어나기 시작하는 1960년대부터 현재까지는 소비자가 시장을 주도하는 시대입니다. 이 시기는 본격적인 산업화가 세계 경제의 주축으로 자리 잡는 시기이기도 하고요. 산업사회는 오늘날의 정보화 사회로 이어지게 됩니다. 그리고 소비문화가 팽창하고 시장경제가 활성화 되면서 소비자가 상품과 경제 변화를 주도하는 시대로 볼 수 있습니다.

1960년대에서 70년대로 접어드는 시기에 국제사회는 정치, 경제, 그리고 사회 다방면에서 많은 변화를 겪게 됩니다. 문화적인 면에서는 획일성에 대한 비판들이 일어났습니다. 그 중 하나가 포스트모더니즘입니다.

7 강현주 외. 열두 줄의 20세기 디자인사, 디자인하우스, 2004. p.17.

포스트모더니즘은 절대적 진리의 부재를 선언합니다. 따라서 포스트모더니즘적 교육은 특히 윤리, 도덕 교육에 전통적 가치관을 재고하게 만들면서 수많은 다양성을 제공합니다. '나'는 누구인가? 그것은 특정한 시공간에서 점멸하는 지정학적 존재일 뿐이죠. 근대적 개념에 의한 '나'의 재편에 골몰하기보다 '나'에게 주입되어 '나'를 형성시켰던 인식적 편린들에 대한 끊임없는 반추를 통해 '나'를 형성하고 있는 타자와의 평화적 공존을 모색합니다. 그리고 타자 속의 '나'를 재발견하기도 하고요. 타인의 의견도 존중하며, 아무것도 강요하지 않겠다는 것이 포스트모더니즘의 바탕입니다. 반면에 모더니즘은 일원적이며 획일성이 있습니다. 절대적 가치를 추구하며 한 방향으로 추진력 있게 진행되는 성향이 있습니다.

3.5. 소비자가 주도하는 시장과 다양성 추구의 현상

1920년대에 등장하여 1950년대 후반까지 모더니즘 전성기에 각광을 받았던 '적을수록 많다(less is more)'라는 미스 반 데 로에[8]의 메시지는, 1960년대 이후 점차 비판을 받기 시작합니다. 사실 비판이라기보다는 단일한 스타일에 지루함을 느끼는 대중이 다양한 욕구의 목소리를 내기 시작한 것이죠. 이것 역시 경제와 관련이 있는데요, 빈곤에서 벗어나는 과정에서 보여 지는 자연스러운 현상입니다. 1960년대

8 바우하우스 교수(학장), 건축가.

중반에 들어서자 서유럽 국가들은 전쟁의 피폐를 벗어나 다시 경제적 부를 누리기 시작했고, 일본 역시 도쿄 올림픽 이 후 경제부흥에 성공하게 됩니다. 이에 따라 본격적인 대중 소비사회가 출현했고, 디자인 분야에서도 포스트모던 디자인 경향이 나타나기 시작합니다.

다음의 두 의자를, 앞서 소개된 모더니즘 스타일의 의자와 비교해 보면 보다 쉽게 이해할 수 있습니다.

그림 3-10, 알렉산드로 멘시니의 의자를 보면 복고주의를 부활시킨 메시지가 전해져 옵니다. 과거의 양식을 현대적 기호로 재구성하여 지역성과 상징성을 강하게 표현하고 있어요. 모더니즘의 높은 생산성을 의식한 단순한 디자인과 비교해 볼 때, 상당히 복잡한 형태를 가지고 있습니다. 소비자가 구매할 시 상당한 가격을 부담해야 함을 짐작할 수 있고요, 이는 대량생산에 적합하지 않다는 뜻입니다. 따라서 이 의자는 전혀 다른 접근 방식으로 기획 되었는데 소수의 취향을 위한 예술성을 강조하고 있는 것입니다.

다음 그림 3-11 미스 블랑슈를 바라보고 있으면 앉아 있기에 매우 불편할 것 같다는 느낌이 곧 전달됩니다. 푹신한 재질을 사용하지 않았고 튼튼해 보이지도 않습니다. 다시 말하자면, 기능성을 고려하지 않았어요. 그러므로 이 의자는 앉아서 사무를 보라는 의자가 아니라, 하나의 작품으로써 놓아두고 눈으로 보라는 의자입니다. 보기만 하라고? 앉을 수도 없는 의자를 어째서 구매해야 하는지 의문이 들 수 있지만 이것은 자택과 사무공간에 있는 많은 의자 중에 하나 정도는 눈으로만 즐기는 의자가 있어도 좋지 않겠느냐는 모더니즘에 대한 반문입니다.

3-10. 알렉산드로 멘시니. 1978. 작품명, 폴트로나 디 프루 트스. 인상주의와 바로크형식을 차용한 의자이다. 19세기 빅토리아 스타일의 의자에 점묘 회화기 법의 무늬를 넣은 이 의자는 모더니즘에서 금기시 했던 역사주의 양식과 장식의 문제에 관한 새로운 접근방식을 보여주었다.

3-11. 시로 구라마타. 1988. 작품명은 미스 블랑슈. 아크릴 레진. 에폭시 코팅과 알루미늄 튜브를 사용.

포스트모더니즘 디자인은 특정양식을 지칭하는 용어가 아니라 새로운 경제 질서와 사회적 삶의 새로운 유형과 관련시키는 일종의 시대적 양상을 설명하는 개념으로 보는 것이 좋습니다. 즉 여러 가지 다양한 기호를 지닌 문화들이 만드는 다양한 삶의 양상을 강조하는 문화적다원주의(pluralism)의 성격을 표방합니다. 그렇다면 경제와 포스트모더니즘은 어떤 관계가 있는가? 우선 1960년대 말부터 사회를 변화시켜온 다양한 가치관의 형성부터 살펴야 합니다.

고취되는 반전의식과 자유주의, 그리고 개인주의의 확장과 동서 냉전의 이분적 구도에서 서서히 벗어나기 시작하는 국제정치구도 등이 사람들의 의식을 변화시켰습니다. '내가 옳고 너는 나쁘다'는 이분적이고 흑백적인 논리로부터 보다 다양함이 공존하는 사고체계로 전환되기 시작하였습니다. 경제적 측면에서는 서유럽과 일본 등의 국가들이 전쟁의 상흔에서 회복되어 고소득 소비사회로 변화하였습니다. 저는 국민총생산[9]이 연간 5,000달러를 넘어서면 먹고사는 문제에서 어느 정도 벗어나, 개성을 추구하는 단계에 진입하고 '디자인'을 추구하고 생각하는 사회로 들어선다고 생각합니다. 연간 소득이 15,000에서 20,000달러에 육박하면 나만의 차별화된 무엇, 즉 시장이 세분화되면서 각 개인의 욕구를 충족시켜줄 수 있는 디자인들이 출현합니다. 이러한 현상들은 라이프스타일의 세분화를 가져오고 브랜드의 탄생을 촉진시킵니다. 그리고 소득수준이 올라가면서 자신의 정체성에 더 많은 시간을 할애하게 되고 디자인 역시 시장 세분화에 맞추어 다

9 국민총생산 . 국내총생산(GDP ; Gross Domestic Product)을 말한다.

양화해지는 경향이 분명하게 전개됩니다. 그러므로 포스트모더니즘의 출현은 정치, 경제적 변모에 의하여 지극히 자연스럽게 발생할 수밖에 없는 현상이라고 생각합니다.

포스트모던디자인은 사용자의 감성을 자극하고 시각적 즐거움을 주어, 사용자에게 복합적 정서를 유발 한다는 점에 의미가 있습니다. 또한 제품에 차별화된 브랜드적 가치를 부여하는 경제성과 제품디자인의 표현 범주를 대폭 확장하여 다양한 조형성이 표현 가능하게 하였다는 점도 포스트모더니즘의 중요한 요소 중 하나입니다. 다음의 이미지는 차별화된 예술적 주방용품 디자인으로 '브랜드화'에 크게 성공한 이태리 알레시(Alessi)사의 제품들입니다.

모더니즘과 포스트모더니즘은 서로 대치되는 것이고 함께 공존할 수는 없는 개념은 결코 아닙니다. 포스트모더니즘은 모더니즘을 비롯한 다른 사조(trend)도 인정하면서 포스트모더니즘양식이 인류를, 그리고 시장경제를 구원하는 절대적 가치라는 식의 주장은 하지 않습니다. 가격이 고가이고 내용이 난해해서 싫으면 그것도 소비자의 개성이요, 삶의 방식이니, 강요하지 않겠다는 식의 태도를 취합니다. 그리고 다양성이 공존하는 세계가 더 좋은 곳이라고 말합니다.

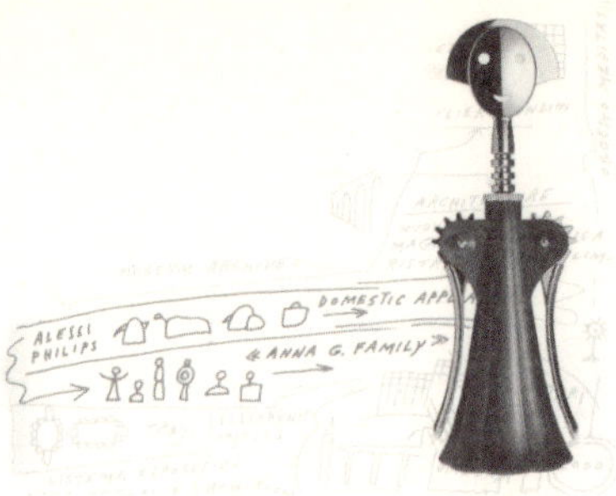

3-12. 알렉산드로 멘시니. 와인병 콜크따개 "Anna G". 알레시.

3-13. 마이클 그레이브스. 주전자 "Bird Whistle". 알레시

3-14. 필립 스탁. 레몬 즙짜개 "Juicy Salif".

3.6. 경제와 디자인의 동반관계 정리

앞에서 살펴본 바를 종합하면 디자인을 선도했던 국가가 19세기에는 영국, 20세기 초반에서 제2차 세계대전에 이르기 까지는 독일, 전후에는 미국, 그리고 20세기 중후반에는 유럽 및 일본 등으로 다변화되는 현상을 볼 수 있었습니다. 이는 디자인이 세계질서를 주도하는 국가의 국력, 그중에서도 경제력의 성쇠와 밀접한 관련이 있음을 뜻합니다. 특히 독일이 19세기 후반 통일을 이룬 후에 산업화의 후발주자 입장에서 국력신장을 위하여 행했던 노력 중에 디자인이 커다란 기여를 했던 점을 기억하여야 합니다. 영국과 독일 디자인운동의 특징은 국가기관과의 협력이 많이 이루어진 반면, 미국의 디자인 방향은 철저하게 시장논리에 맡겨져 매우 자연발생적이라는 특성을 갖고 있습니다.

우리는 정보기술의 발달과 지식기반경제 구축과 같은 새로운 21세기의 흐름 속에서 타 분야와 마찬가지로 디자인 분야 역시 새로운 패러다임을 어떻게 디자인 방법에 규명할 것인지 고민해야 합니다. 지금까지 전통적인 20세기 산업시대 디자인의 대상은 하드웨어 적이고 물질적인 가시적 제품에 국한되어 왔고 디자인의 내용은 흔히 외형적이고 표면적인 수준에 머물러 왔습니다. 그러나 지식 정보사회와 함께 기존의 물질적이고 하드웨어적인 영역을 초월하는 비 물질, 소프트웨어, 비가시적 가치(눈에 안 보이는 가치) 등이 중요 사회가치로 떠오르면서 과거 '생산자 중심의 디자인'은 '마케팅 중심의 디자인' 다른 말로 '소비자 중심의 디자인'으로 변화하고 있습니다.

디자인의 탄생 자체가 경제적 필요성에 의해 나왔고, 많은 디자인 운동과 계몽 역시 변화하는 시장상황과 생활수준에 밀접한 관련이 있었습니다. '사용자에게 최선의 가치(디자인)를 제공해 주어야한다'는 도덕적 인식은 각 시대의 경제적 현실에 바탕을 둔 것으로 볼 수 있습니다.

다소 이상주의적 성격을 띠고, 정신적 가치를 추구했던 양식들도 사실은 이 같은 맥락에서 이해를 해야 합니다. 현재의 세계 경제가 어려운 상태에 처해 있음에도 디자인과 소비구조의 흐름은 더욱 다양해지고 세분화 되어질 전망입니다. 예를 들어 가치소비와 같은 거품을 배제한 디자인을 선호하는 소비자와 자신의 개성을 우선시하는 취향 위주의 소비가 공존할 것입니다.

디자인사고 4

디자인과 경영

4.1. 디자인 사고력

경영에서는 디자인을 부가가치 상승의 요소로 적용합니다. 소비자들도 자신이 선호하는 스타일의 디자인을 중요하게 의식 하고요. 그러나 포화된 시장에서는 20세기적 경영방식이 한계에 봉착합니다. 소비자가 주도 하는 시장에서 그 니즈(needs)를 어떤 관점에서 파악하고 적용해야 하는지? 그리고 소모적 경쟁을 피하고 새로운 시장을 창출하는 가능성은 무엇일까? 우선, 디자인 사고에 관한 이야기로 시작을 해 보겠습니다.

영어 단어인 Design Thinking은 우리 사회에서도 널리 사용되기 시작한 용어입니다. 디자인씽킹을 이 책에서는 디자이너와 같이 생각하는 능력을 뜻하는 '디자인사고'라 번역하여 사용하겠습니다. 디자인사고는 한 마디로 이야기하여 직관적 판단력을 의미합니다. 조금 더 구체적으로 '경직되지 않은 유연한 생각, 창의성을 발휘하여 새로운 도전을 해 보는 사고방식'이라 정의하겠습니다. 디자이너들은 출시된 디자인들을 최종적 완성이라 인정하지 말고 빠뜨린 아쉬움이 무엇인지 찾아 개선하도록 훈련(교육)을 받습니다. 어차피 인간이 만든 사물, 시스템은 완전한 것이 없으므로 틀린 생각이 아닙니다. 한 줄 공식으로 만들어 보면 다음과 같이 정리할 수 있습니다.

관찰 〉 문제 발견 〉 해결책 마련 〉 개선안 제시

존재하는 현상들을 비평적 시각으로 관찰하여 개선점을 찾아 새로운 아이템 개발에 적용하는 것입니다. 스티브 잡스는 개발과정이란 '없는 것을 창조하는 발명이 아니고 있는 것들을 조합하여 제시하는 발견의 과정'이라고 언급하였습니다. 그러므로 개발자에게 있어 창의성이란 개선책을 생각하고 이미 존재하는 것들 중 최적의 것들을 발견하고 조합하는 것입니다. 중요한 것은 생각하는 능력인데 일반적 사고와는 다른 독특하다고 할 수 있는 관점을 가져야 하며 이것이 창의적 사고라 하겠습니다. 이러한 사고력을 갖추기 위해서는 스스로의 능력을 계발해 가야 합니다. 세상 가치에 휘둘려서 학력, 성적, 자격증 등 본인의 성향에 맞지 않는 것들을 억지로 추구하기 보다는 각자의 잠재력을 관찰, 파악하여 가장 잘 할 수 있는 것을 찾아 즐겁게 몰입하는 것이 효과적입니다. 가장 먼저 착수해야 하는 부분은 자신의 내면을 살펴보고 스스로를 알아 나가는 과정에 있습니다. 조금씩 개성과 보유한 능력을 알아 갈 때, 좋은 방향들도 보이게 됩니다. 이런 과정이 성찰, 성숙한 삶의 길이죠. 엉뚱하게 철학적 이야기를 하는 것 같지만 무척 중요한 개념입니다. 스스로를 이해하는 성찰력을 갖추어 갈수록 타인도 이해하는 넓은 안목이 생기게 됩니다. 사람들의 라이프스타일을 존중해 주고 니즈를 충족시키는 아이디어를 만들 수 있는 가능성이 높아집니다. 특히 창의성이란 정량적이고 수학적 논리로만 형성될 수 없는 것이라 감성과 인문학적 성찰을 갖추어가는 노력이 동반되어야 합니다. 직관력이 많이 필요합니다. 반 면, PBL(Problem Based Learning)이라는 문제중심학습은 논리적입니다. 오래전부터 시행되었던 교육방법인데 최근에 더욱 중요성이 커지고 있습니다. 그 요지는 다음과 같습니다.

1) 문제 상황 설정. 문제는 실생활 맥락적이고 일상 속에 있으며 해결해야 하는 주제들이다.

2) 문제해결을 위한 계획수립

3) 해결에 필요한 지식습득과 접근

4) 문제해결 방안 제시

디자인사고는 PBL과 닮은 부분이 있습니다. 그러나 전자는 직관성에, 후자는 논리적 접근법을 사용합니다. 저는 이 두 가지가 모두 필요하다고 생각하며, 사람 각자가 본인의 내면에 준하여 잘 할 수 있는 자신만의 문제해결방법을 세우고, 수행하면서 계속 보완해 가는 것이 최선이라고 봅니다. 그 방법론은 향후 지속적으로 연구해 갈 계획입니다.

모든 상품에는 1차적인 기능과 2차적인 기능이 있습니다. 1차적 기능은 상품의 원래 목적입니다. 성능, 내구성, 가격 등 물리적 기능이 그것입니다. 이 요소들만 가지고는 성공적 상품 성립이 어려우므로 2차적 기능이 있어야 합니다. 디자인, 브랜드 이미지, 희소적 가치 등의 비물질적인 감성적 요소들이 첨가되어야 합니다. 그래서 20세기에는 1차적 기능을 엔지니어들이 담당하고 2차적 기능을 디자이너와 마케터들이 진행하여 협업을 했습니다. 그러나 21세기의 기술 및 경영 패러다임은 크게 변화하고 있습니다. 기술은 오픈소스에 의하여 공개된 정보들로 쉽게 얻을 수 있으며 모듈화된 부품들을 주문하여 조립하면 됩니다. 간단한 제품 정도는 전공자가 아니라도 만들 수 있습니다.[10]

한 편, 디자인에 관한 감성 역시 보편화되어 다른 정보와 동일하게 공유되어 갑니다. 두발을 염색하고 감각적 패션을 지향하며 감성적 가방이나 액세서리에 민감한 것이 디자이너의 전유물이 아니잖습니까. 그리고 경영학과 마케팅을 역시 필요한 부분만 학습하면 비전공자들도 좋은 상품을 개발할 가능성이 높아집니다. 반드시 오랜 시간과 비용을 투자하여 전공자가 되었다고 해서 성공이 보장되는 것도 아닙니다. 21세기는 융합의 시대입니다. 인공지능이 아직 할 수 없는 인간의 지혜와 판단력이 성패를 좌우할 것입니다.

그렇다면 창의적인 디자인 사고의 반대 개념은 무엇일까요? 우리가 경계해야 할 방향이므로 정의해 보자면 '경직되어 굳어 있는 사고방식'이라 지칭하겠습니다. 변화를 거부하는 수구적 자세, 내가 옳고 너는 잘못되었다는 일방적 고집, 물질적 가치 추구가 삶과 경영의 목표라는 좁은 시각 등등을 들 수 있습니다. 그러면 이러한 경직된 사고

10 아두이노(하드웨어), 라즈베이파이(소프트웨어) 같은 장비와 프로그램을 활용하여 구현할 수 있다.

가 가져오는 실패 사례들을 보도록 하겠습니다. 우리는 실패의 사례에서 더 많은 것을 배우게 됩니다. 특히 우리(또는 나)는 이러 저러한 실수를 비슷하게 반복하고 있지 않는지 돌아보아야 합니다. 어려운 문제입니다만 이것이 성찰의 과정이니까요.

4.2. 디자인 사고력을 갖춘 경영의 허와 실

디자인사고가 성공을 보장해 주는 경영방법은 아닙니다. 디자인은 궁극의 해결책도 아니고 만능도 아닙니다. 과도하게 사용하면 비용투자가 늘어나고 가격 경쟁력이 낮아집니다. 역시 문제는 종합적 사고력에 있습니다. '어느 정도 적정선에서 디자인 투자를 한정 할 것인지, 그리고 디자인사고에서 오는 창의적 마케팅, 브랜딩, 기획과 개발비용을 어느 적정선에서 한정할지를 판단하는 능력 말입니다.

8장에서는 스티브 잡스라는 천재적 경영자 이야기를 할 계획입니다. 현대 경영에 대단히 큰 영향을 끼쳤으며 작고한 뒤, 오늘날까지도 그의 경영전략이 영향력을 발휘할 정도로 뛰어난 사람이었습니다. 그러나 그는 천재적 직관력을 지나치게 믿은 나머지 여러 가지 실수들을 했습니다.

잡스는 디자인 사고력이 정말로 탁월한 사람입니다. 또한 디자인 그 자체에도 투자를 아끼지 않았습니다. 초창기 애플(Apple)사는 컴퓨터를 만드는 회사였습니다. PC의 케이스를 아름답게 형성하여 우아한 가구 같은 품격을 제공해 주었습니다. 여기까지는 좋았는데 잡스

4-1. 디자인료가 최고라는 폴 랜드에게 거금을 지불하여 만든 넥스트 로고

4-2. 부품 교체시만 열어 보게 되는 제품 내부까지 최고급 소재를 사용한 넥스트 PC

는 소프트웨어인 화면의 구성, 색상, 그리고 서체 하나하나까지 섬세한 아름다움이 있어야 한다고 고집을 합니다.

결국, 이를 구동하기 위해 메모리 용량이 늘어납니다. 높은 사양이 요구되고 가격이 당연히 상승합니다. 1980년대 중반에 출시된 애플 컴퓨터는 소형 승용차 한 대 가격과 비슷할 정도였습니다. 이런 지경에 이르니 시장 경쟁력이 떨어질 수 밖 에요. 이 책임을 물어 주주들이 잡스를 경영에서 물러나게 하였습니다. 자기가 만든 회사를 퇴직한 잡스는 넥스트(NeXT)라는 회사를 창업하고 역시 PC를 개발하게 됩니다. 출시된 PC는 경악스러웠습니다.

'인간이 창조한 가장 아름다운 형태는 정육면체' 라는 잡스의 집착으로 인해 경사각 없이 90도로 형성된 PC는 불량률이 높아 손실률을 소비자 가격에 더하게 되어 가격이 상승합니다. 케이스의 외장은 물론, 보이지 않는 내장까지도 고급스러운 풍미를 주어 최상의 명품 PC를 제조하겠다는 바람 때문에 터무니없이 가격이 상승합니다.

상품의 1,2차적 기능을 모두 완벽하게 가치상승 시키려고 시도했기 때문입니다. PC라는 기기는 기능성이 우선이며, 5~6년 사용한 후에는 재구입하여 신제품으로 교체되는 상황을 당시의 잡스는 예측하지 못하였습니다. 결국 실패한 사업이 되었습니다.

잡스의 실수는 상품의 1,2차적 기능을 모두 높이 충족시키겠다는 완벽주의자의 고집에서 발생한 것입니다.

실패 사례를 하나 더 고찰해 보겠습니다.

일본을 대표했던 기업 중 하나였던 소니(SONY), 전 세계에 휴대용 카세트 플레이어 워크맨을 2억대 이상 판매하며 돌풍을 일으켰던 소니는 경영전략상 결정적 실수를 하게 됩니다. 수익성을 더욱 높이고자 각 사업부별로 성과에 따른 급여제를 아주 엄격하게 시행하여 사업부들이 자신들의 이해타산을 중시할 수 밖에 없는 경쟁구조로 갑니다. 오늘날 벤처기업이 갖는 유연성과 수평적이고 자율적인 협력구조의 반대 개념입니다. 그 결과, 사업 부문 간의 협업이나 시너지는커녕, 중복투자로 인한 재정 손실, 기술 경쟁력 저하가 발생하고 이는 매출저하와 브랜드가치 하락으로까지 이어지는 재난(?)을 겪습니다.

2012년에 소니는 PC사업부를 매각하고 스마트폰 사업을 축소합니다. 2014년에는 TV사업부를 분사시키는 지경에 이릅니다. 더 열심히 일하게 만들겠다는 경직되고 수직적인 사고가 불러온 결과입니다. 이를 부서 간 장벽과 이기주의를 뜻하는 사일로(silo)현상이라 부릅니다. 더 열심히 잘해보자고 채찍을 든 것인데, 산업사회에서 정보화사회로 넘어가는 과정에서 변화되는 조짐들을 인식하지 못한 것이 원인입니다.

세계적 종합전자기업으로 성장했던 도시바가 최근 경영위기에 처한 것도 경영의 경직성 때문이며, 대만의 홍하이그룹에게 인수된 샤프도 마찬가지입니다.

기업문화는 바뀌어야 합니다. 우선, 경영자의 사고방식과 접근방법이 먼저 변화되어야 합니다.

4.3. 현대카드의 혁신경영과 디자인전략

개발과 관련된 경영의 보편적 과정을 기술해 보겠습니다.

- 기업의 경영철학을 만든다.
- 브랜드 전략을 세운다.
- 상품의 1차적, 2차적 기능을 균형 있게 기획하여 소비자들의 기억에 부각되는 포지셔닝(positioning)을 한다.

경영철학이나 브랜드전략은 기업 내부에서 결정하고 구성원들이 이해하는 추상적 개념입니다. 그러므로 일반 소비자들에게 전달하는 효율적인 방법을 고심해야 하는데요, 아름다운 미사어구를 사용해도 소비자들이 기억하게 만들기는 정말 어렵습니다. 그러므로 디자인과 같이 시각적으로 확인할 수 있는 요소가 필요합니다. 인간은 지각정보의 87%를 시각으로 인지하므로 눈에 보이는 디자인은 기술력과 함께 기업이 의도하는 바를 증명하는 역할을 합니다.

매우 중요한, 그러나 간과하기 쉬운 점은 디자인이 기업전략과 일치해야 효과가 발생한다는 점입니다. 그런 의미에서 현대카드가 구사하고 있는 경영 방법은 시사하는 바가 큽니다. 이미 현대카드의 성공을 소개한 자료들이 많으므로 여기에서는 기업전략과 디자인경영의 일치도에 국한하여 이야기 해 보겠습니다. 1997년 외환위기와 기업구조조정이 시작되었을 때, 다이너스클럽카드는 시장 점유율이 2%도 안 되는 어려운 상황이었습니다.

이 회사를 현대그룹이 인수하면서 현대카드를 만들었습니다. CEO인 정태영 회장은 포인트나 마일리지와 같이 사용자에게 돌아가는 이익을 한 가지 요소로 몰아서 부여하는 방안을 경영전략으로 채택했습니다. 예를 들어서 카드를 사용할 때 누적되는 포인트가 여행, 승용차 주유, 식당 이용 시의 할인, 영화관람 등등 많은 요소들로 분산되면 사용자가 누리는 혜택 역시 미미하여 실효성이 없을 것이라는 사용자 중심적 사고를 하였습니다.

그래서 소비자들의 라이프스타일을 관찰하여 그들이 필요로 하는 요소 한 가지로 집중시키자는 방침을 만들고 이를 소비자가 선택할 수 있게 혁신을 합니다. 3~4년에 한 차례씩 승용차를 새로 구입하는 사람에게는 현대기아차 구입 시 할인율이 집중되는 카드, 즉 모바일의 약자인 M카드를, 주유를 자주해야 하는 라이프스타일을 가진 사람에게는 기름 주유 할인 포인트가 모아지는 카드, 오일의 영문약자인 O카드. 이런 식으로 선택의 폭은 넓히고 이익은 몰아서 커지는 서비스를 경영전략으로 전환하여 큰 호응을 받게 됩니다.

4-3. 고급스러운 삶을 의미하는 금빛 카드디자인

4-4. 경영 및 서비스 방침의 인지도를 높인 사용자 중심 디자인

현재 현대카드의 시장점유율은 20%에 육박합니다. 이 전략을 시각적으로 분명하게 전달되는 카드 디자인에 혁신을 주었다는 부분이 또한 중요합니다.

그림 4-3은 1990년대 후반에 유행하였던 일반카드의 전형적 모습입니다.

대부분의 카드디자인이 금과 은색을 띠었습니다. 마치 카드가 부귀를 상징하는 것 같은 의미를 담고 있지만 이것은 사실이 아닙니다. 신용카드라는 것은 외상으로 구입하고 사용자가 매 달 대금을 갚아나가는 것이며 판매자가 그 수수료를 카드사에 지급하여 그 수익을 쌓아 가는 것이 카드회사입니다. 현대카드는 서비스전략을 소비자가 분명하게 인지할 수 있도록 알파벳의 약자와 다양하지만 단순한 색상으로 다음과 같은 디자인을 사용했습니다.

허세를 걷어낸 후, 단순하고 명확한 메시지를 담고 있는 디자인이 때로는 필요합니다. 단, 그것이 경영전략과의 일치 여부를 판단하는 능력이 있을 때 효과가 발생합니다. 사용자중심, 소비자 입장에서 보다 현실적인 이익을 서비스하겠다는 방안을 제공하면 소비자는 스스로의 라이프스타일을 존중받았다는 느낌을 받습니다. 고객을 사랑한다는 개념. 이를 체감하도록 시행하는 방법이 중요함을 새삼스럽게 보여 주는 사례입니다.

무형의 가치 ⑤

물질보다는 감성

5.1. 무형의 가치 _ 물질보다는 감성

스타벅스 창업자 하워드 슐츠가 미국에 커피 전문점을 창업하겠다고 했을 때, 그 사업의 성사여부가 의심스러웠습니다. 잘 알려진 대로 미국인들은 커피를 많이 마십니다. 가정에서, 직장에서 한국인이 생수나 차 마시듯 자주 섭취합니다. 그래서 각 가정마다 커피메이커가 있으며 두 세 사람이 근무하는 작은 사무실에도 항상 커피를 따라 마시는 환경이 조성되어 있습니다. 그런데도 커피를 파는 다방을 오픈하겠다하니 그 사업이 잘 되겠는지 의구심이 들었습니다.

슐츠는 사람들이 커피를 마시는 장소와 행동을 깊이 관찰했습니다. 그리고 자택과 일터 외에 제3의 장소에서 커피를 마시는 행태를 발견하고 주목합니다. 이를테면 공원의 벤치, 큰 건물 계단에 앉아서 커피를 들고 사색하거나 대화하는 사람들, 미국 도시에 흔한 광장에 앉아 혼자 또는 동료와 마시는 사람들을 보면서 커피를 마시기 위한 별도의 공간이 필요함을 파악합니다.

스타벅스에 가보면 알게 되는 것은 그 환경이 집중력을 발생시키기 좋은 차분함이 있다는 점입니다. 조명, 가구, 동선 구조, 심지어 후각적 인터페이스까지 이용자의 몰입감 형성을 돕는 요소들로 구성되어 있습니다. 다분히 의도된 기획입니다. 스타벅스 매장은 혼자서 사색을 하거나 일하기에 집중도가 높은 환경을 제공해 줍니다. 또는 조용한 휴식을 보장 받는 공간이기도 하죠. 그러므로 저는 스타벅스는 '커피'를 판매하는 사업이 아니고 '공간 사용권'을 파는 사업이라 생각합니다. 커피라고 하는 유형의 가치는 그 공간을 사용하는 사람의 목적을 돕는 소품입니다. 스타벅스는 무형의 가치를 판매하고 있습니다.

디자인은 조형이며 시각정보입니다. 그러므로 눈에 보이는 가치입니다. 소비자들은 상품을 마주할 때, 시각으로 확인되는 디자인을 먼저 보게 됩니다. 이 때 디자인이 화려하다고 해서 소비자 기억에 포지셔닝(positioning)되는 것이 아닙니다. 디자인은 기업 전략과 일치도가 높아야 효율적입니다. 현대카드의 경영전략은 고객이 스스로의 라이프스타일에 비추어 이익이 큰 카드를 선택하게 하였습니다. 회사는 카드사용의 혜택을 특정 이익으로 모여지도록 하였습니다. 이에 그 특정 상징을 매우 간략하고 전달력이 큰 이미지로 가시화하였습니다. 기업의 경영전략과 디자인 간에 일치도가 높으므로 소비자와의 커뮤니케이션이 원활하게 이루어진 사례입니다.

사업을 성공적으로 전개하려면 중장기적인 전략과 기업철학이 먼저 필요합니다. 열심히 만든 브랜드가 단기 순익을 내고 단명하기를 바라는 경영자는 없겠지요. 모두가 지속가능한 사업, 스테디셀러(steady seller)를 원할 것입니다. 지속가능한 가치를 브랜드 정체성으로 가져가야 하는데 그것은 무형의 가치라 말하고 싶습니다. 지속가능한 전략으로는 신뢰, 참여, 진정성, 위로, 상생, 나눔과 존중 등이 있습니다. 이 추상적 가치들을 소비자가 어느 정도 체감하는가에 성패가 걸려 있습니다. 현대카드의 경우는 소비자를 '존중'하는 무형의 가치와 사용 포인트를 집중시켜 이익을 체감하게 하는 유형의 가치를 적절하게 구사한 사례입니다.

브랜드 권위자인 데이비드 아커(David A. Aaker)는 브랜드란 단순한 제품의 이름 이상이라고 말했습니다. 브랜드는 복합적인 요소가 결합된 종합적 현상으로 보아야 한다는 의미입니다. 고객의 충성도, 기업의 인지도, 제품에서 평가되는 품질, 연상되는 추상적 이미지 등이 모두 포함된 기업의 중요한 자산(brand equity)이라고 아커는 주장합니다.

기업에는 유형자산과 무형자산이 있습니다. 유형자산은 현금화를 즉시(비교적 빨리) 할 수 있는 자산, 즉 보유하고 있는 현금, 주식가치, 등의 동산과 기업이 소유하고 있는 토지, 건물, 등의 부동산이 있습니다. 무형자산은 소비자들이 상품이나 기업에 대해 느끼는 감성, 인식 등을 의미하며 브랜드 가치가 여기에 해당합니다. 그리고 기업 내에 축적된 노하우와 특허권, 임직원의 지적자산도 이 무형자산에 포함됩니다. 시장이 세분화되고, 지식정보가 더욱 확장되는 사회에서는 이 무형자산이 차지하는 비율이 계속 상승합니다. 여기에 디자인 수행능력을 배제할 수 가 없습니다. 좋은 디자인이 소비자의 구매 동기로 이어지는 통계치가 계속 증가하고 있기 때문입니다.

유형자산은 물리적으로 보이고 체감되는 가치가 있습니다. 이것을 잠시 하드웨어로 보겠습니다. 반면에 무형자산은 느낌과 감성으로 소비자에게 다가가는 소프트웨어적 요소라 지칭하겠습니다. 모든 상품에는 두 가지 속성이 있습니다. 하드웨어는 기술력, 품질, 가격경쟁력 등이라 말할 수 있습니다. 반면 소프트웨어는 상징성, 희소성, 만족감, 스토리의 의미 등 인문학적 요소까지 포함됩니다. 한국의 하드웨어는 대단한 성과를 이룬 반면 소프트웨어는 상대적으로 부족합니다. 하이테크 기술 추구가 전부는 아닙니다. 잠재적 시장 매력도는 로우 테크(low tech)나 노테크(no tech)에 더 많습니다. 소프트웨어 개발은 저비용 투자로 큰 이윤을 창출할 수 있습니다. 결정적인 것은 창의적 아이디어입니다.

정보사회에서 기술력은 특정 기업이 영구적으로 독점하기가 점차 어려워집니다. 그러나 강한 특성, 개성을 지니고 있는 디자인은 보다 오래 지속되는 것이 사실입니다. 물론 디자인을 카피, 모방할 수는 있지만 브랜드 가치를 인정받는 제품 앞에서는 흔히들 말하는 짝퉁일 뿐입니다. 짝퉁(이미테이션; imitation)은 겉모양만 같을 뿐, 그 내용면에서 우리가 오리지널 이라고 부르는 진품의 가치를 지니지 못합니다. 소비자들의 구매 방식을 살펴보면 브랜드만 보고 제품을 선택할 정도로 브랜드가 가지고 있는 영향력은 매우 크다 할 수 있습니다. 특히 중국 등의 신흥 산업국가의 제품들이 저가로 홍수처럼 밀어닥치는 상황에서는 이 현상이 더욱 심화될 전망입니다.

작은 규모로 혼자서 또는 뜻이 맞는 친구와 사업을 시작해 보고 싶은 대학생들을 위하여 기획과정을 정리하겠습니다.

· 어떠한 서비스를 소비자에게 제공해 줄 것인지 생각하면서 기업철학을 고민한다.

· 그 철학을 실천할 수 있는 경영전략을 세운다.

· 시장조사를 하여 시장성을 타진하고 시장에 존재하는 기존업체들을 분석한다.

· 추상적 이미지, 구체적으로 가시화되는 이미지를 고려하면서 브랜드 정체성을 만들어 간다.

· 철학과 전략이 가치로 전환되어 담겨 있는 아이템을 개발한다.

· 마케팅, 투자 계획을 세워 자금을 확보한다.

이 과정들은 수학공식과 같이 순차적으로 행하기보다는 상호 연관성이 짙으므로 동시다발적으로 함께 진행될 경우수가 더 많습니다. 기업철학 및 경영전략만 조금 언급하자면 무형의 가치를 소비자에게 증명해 보이는 것을 강조하고 싶습니다. 자금과 경험이 미약한 학생들은 품질, 내구성, 가격경쟁력 등의 유형의 가치를 주요 전략으로 앞세우기가 어렵습니다. 이 요소들은 투자나 지원을 받아 협업으로 가야할 가능성을 배제할 수 없습니다. 젊은 학생들이 순수성을 가지고 참신한 아이디어를 형상화할 때 가능성을 높이는 요소는 무형의 가치입니다. 현재와 미래에 아무도 부정하지 않는 것들, 공유하고 싶어 하는 것들 즉, 신뢰감, 진정성, 위로와 상생, 나눔과 존중과 같은 가치들입니다.

역발상 6

브랜드 이미지와 마케팅

6.1. 브랜딩 전략

무형 자산인 브랜드. 그리고 기업전략을 효율적으로 전달하는 마케팅은 일관성 있는 기획으로 추진해야 합니다. 가장 먼저 변화하고 있는 브랜딩 전략사례들을 분석해야 하고요.

'현대카드 디자인 이야기'를 저술한 오영식, 차재국, 신문용은 브랜드를 다음과 같이 설명하는데요, 제가 알고 있는, 그리고 본 자료들 중에서 가장 쉽고 명확합니다.

> '브랜드(Brand)의 어원은 목장 소유의 소나 말에 불도장(Branding Iron)을 찍어 소유주를 구분하던 것에서 유래되었다. 그러나 산업화가 진행되면서 제품을 의미하게 되었고 더 나아가 서비스나 회사 자체를 가리키는 등, 확장된 의미를 포함시키며 발전해 왔다. (중략) 어떤 실체를 지닌 것을 가리킨다기보다는 무형 자산으로서 가치를 지닌다. 브랜딩은 이러한 브랜드에 대해 소비자가 충성도를 갖게 하는 것이 목적이다. 즉 브랜드가 어떤 제품이나 회사의 로고, 컬러, 상표권 등의 이미지라고 한다면 브랜딩은 이를 위한 전반적인 행위를 뜻한다. 컨설팅이나 컨셉 설정 등 디자인을 하기 전의 작업도 브랜딩에 포함되며 디자인 이후의 마케팅 부분도 브랜딩이라 할 수 있다.'[11]

브랜드 가치가 왜 중요한가를 구체적으로 논의해 보겠습니다.

기업 입장에서는 자사의 브랜드가 얼마나 시장과 고객에게 잘 알려지고 인정을 받는가에 따라서 제품의 가격 수준과 판매마진이 결정됩니다. 즉 브랜드는 그 인지도가 올라갈수록 부가가치가 크게 발생한다는 뜻입니다. 우리가 소위 명품으로 인식하는 고급 브랜드가격이 높은 이유가 여기에 있습니다. 인터브랜드와 더불어 세계적인 브랜드 디자인 컨설팅 기업인 랜도 어소시에이츠(Landor Associates)의 앨런 애담슨(Allen Adamson)은 그의 저서(Brand Simple, 2007)에서 브랜드와 브랜딩의 차이를 설명합니다.

'브랜드가 사람들의 마음속에 차별화된 의미를 갖추기 위해서는 어떻게 해야 하는가'라는 방법론이 브랜딩이라는 것입니다. 반면에 브랜드 전략은 브랜드 아이디어를 전달하기 위해 개발하는 계획이라고 정의하고 있습니다. 브랜딩은 강력한 표시의 일종인 시그널(signal)을 사용하게 되며 시그널은 브랜드를 상징하기 위해서 사용되는 것. 간단하게 말하자면 위대한 브랜드는 치밀한 브랜딩 노력의 결과라는 것입니다.

브랜드 시그널은 로고, 이름(브랜드명), 색상, 활자체, 판촉, 패키지디자인 같은 외부적이고 명확한 것들을 의미합니다. 당연하게도 제품의 기능적 특성과 디자인도 차별화를 추구하는 브랜딩 시그널입니다. 그리고 앨런 애담슨은 최고의 브랜드를 만들기 위해서 가장 중요한 요소인 브랜딩은 더 이상 마케팅 부서만의 고유 업무가 아니라고

11 오영식 외, '토탈임팩트의 현대카드 디자인 이야기', p.35.

말해요. 이 점을 주목해야 합니다.

우리가 상품을 기획할 때, 소비시장의 구조와 흐름, 그리고 사용자의 라이프스타일 등을 면밀하게 이해하고 디자인이 그 논리에 의해서 결정되어야 합니다. 마케팅의 기본 원리를 이해해야 하는 이유가 여기에 있습니다. 새로운 초국가적 경쟁 환경에서 살아남고 성장하기 위해서는 최고의 브랜드 파워로 브랜드 경쟁에서 이겨야 좋습니다. 어느 특정 제품의 세계 시장 카테고리에서 몇 번째 안에 들어가는 강력한 브랜드인가가 중요해지는 시점에 와 있기 때문입니다.

디자인의 지속성이란 쉽게 해석하면 '오래 사용해도 쉽게 싫증나지 않는 디자인'을 말합니다. 매우 이상적인 교과서적 개념으로 들리기도 하지만 부정적 관점에서 보면 '두리뭉실하고 덤덤한 디자인이 아닐까?' 하는 의구심도 생기는 말입니다. 그러나 그것 자체가 신뢰와 고정 고객을 확보하여 브랜드 이미지를 유행과 영합하지 않는 '지속성(sustainable)'을 유지한다면 한 번 생각해 보아야 할 내용입니다.

애플은 오래 전부터 '디자인의 단순성'을 강조하는 방향으로 가고 있었습니다. 물론 인터페이스가 단순해야 좋다는 의미이지만 형태 역시 단순성이라는 일체화된 코드로 형성되어 이미지를 더욱 강하게 구성합니다. '단순한 디자인이 지속성을 갖고 순수해서 아름답다'는 개념은 모더니즘의 조형미에서 비롯됩니다. 즉 완전히 새로운 실험은 아니지만, 그 미적가치(심미성)와 높은 사용성(기능성)[12]은 현재에도 그 가치를 인정받고 있습니다. 단순한 기하학적 형태로 정체성을 인정받

12 심미성과 기능성을 하나로 융합하여 높은 가치를 유지한다는 것이 모더니즘 스타일 디자인의 이상이다.

6-1. 베오사운드 9000

는 덴마크의 뱅앤올룹슨(Bang & Olufsen)의 디자인은 고급 브랜드로서 손색이 없습니다. 그들은 수명이 짧은 패션보다는 오래 질리지 않는 클래식을 추구합니다. 베오사운드 9000은 출시된 지 10년째 디자인의 변화 없이 판매율이 꾸준히 유지되는 회사의 자랑입니다. 고객 충성도가 높으며 시장에서 지속적으로 일정한 매출을 기록하고 있다는 뜻입니다.

그 디자인철학이 많은 것을 생각하게 합니다. '고객이 무엇을 원하는지 고려하지 않는다.' 이것은 고객이 원하는 것을 빨리 파악해서 제공해 주라는 마케팅의 원칙에 정면으로 위배됩니다. 그러나 이것은 역발상적 마케팅의 일환입니다. 급변하는 유행을 좇아 허둥대지 않고 바우하우스 스타일의 간결미를 고집스럽게 추구하여 그 가치를 오래도록 인정받는다는 기업의 디자인 철학이 이러한 자신감을 불러일으킨 것으로 해석하고 싶습니다. 단순성을 강조한다는 디자인은 새삼스러울 것도 없는 것인데 큰 호응을 일으키는 현상은 여러 가지로 원인을 볼 수 있습니다. 우선 모더니즘에 대한 복고적 향수로 볼 수도 있습니다. 또 복잡한 조작방식과 현란한 디자인에 식상한 사용자들이 단순한 인터페이스, 그리고 깨끗한 형태를 선호하는 현상으로 볼 수도 있습니다. 그러나 보다 중요한 사실은 잠재된 사용자(고객)의 욕구를 일깨우는 적극적 마케팅과 디자인 전략이 성공의 요인으로 작용하였다고 진단됩니다.

수동적으로 현재의 소비자 동향과 트렌드만을 반영해서는 잠재심리를 파악하기가 어렵습니다. 즉, 사용자의 욕구를 충족시키는 수동적 입장에서 벗어나 고객의 욕구를 깨우쳐주고 충족시키는 고객 선도적인 대응이 필요합니다. 또 하나의 중요한 요인은 고객들의 의식 속에 업종의 대표 브랜드로 포지셔닝(자리매김)될 수 있는 브랜드 강화 전략이 수반되어야 한다는 것입니다.

애플은 조나산 아이브(Jonathan Ive)가 디자인하여 애플을 파산에서 구한 아이맥(iMac)시리즈가 있었습니다. 그 디자인이 갖는 성공적 요소인 단순함, 높은 사용성, 그리고 특유의 색상 등을 대표 브랜드의 특성으로 삼아 애플에서 출시하는 다른 아이템에 까지 디자인 특성을 적용하였습니다. 고객의 호의적 태도(고객 충성도)를 지속, 확장하는 전략을 구사한 것입니다.

브랜드 기획자 임태수의 언급이 좋은 내용이어서 그의 책에서 옮겨 봤습니다.

'시대를 초월하여 회자되는 이탈리아를 비롯한 유럽의 제품들에서는 장인의 섬세한 손길과 치밀한 완성도가 느껴진다. 시간이 지나도 변하지 않는 우수한 품질의 제품과 서비스를 제공하고자 하는 장인들의 정신은 브랜드라는 개념으로 승화됐고, 미국을 중심으로 마케팅의 일환으로 연구되어 마침내 브랜드 전략으로 자리 잡게 되었다. 현재 한국의 많은 기업들이 채택하고 있는 브랜드 개념은 마케팅의 비즈니스 전략이나 모델로 통용된다. 그렇다 보니 장인 정신이 결여된 채 기업 경영 효율화와 영업이익의 증대를 위한 수단으로 브랜드를 다루곤 한다.

브랜드 전략이라는 말에는 기본적으로 싸워 이긴다는 의미가 내포되어 있다. 경쟁 브랜드와의 인식 싸움에서 승리하고 고객의 머릿속에서 우위를 차지한다는 것이다. 그러나 정작 좋은 브랜드는 경쟁 브랜드와 싸우지 않는다. 나이키는 캠페인을 벌일 때 결코 리복(Reebok)이나 아디다스(Adidas)의 운동화보다 기능이 좋다고 이야기하지 않는다. 대신 사람들에게 운동에 대한 열정을 불러일으키고 그 열정을 지원하기 위해 고민하고 흔쾌히 도와주겠다는 메시지를 던진다. 애플은 마이크로소프트(Microsoft)나 삼성보다 더 빠르고 성능이 좋은 운영체제나 프로세서를 만들었다고 이야기하지 않는다. 단지 제품과 서비스를 통해 우리의 삶이 얼마나 풍요로워질 수 있는지 이야기한다.

다시 말해 좋은 브랜드는 경쟁 브랜드와 싸워 이길 방법을 궁리하는 대신, 브랜드를 통해 사람들의 라이프스타일에 가치 있는 변화를 제안하고 그 약속을 지켜 나갈 수 있는 방법을 고민한다. (중략) 오랜 시간이 지나도 변하지 않을 굳건한 관계를 구축하는 것을 가장 중요하게 여기고 있다.'[13]

브랜드의 가치와 접근철학을 정말로 잘 표현한 견해입니다. 우리나라에도 이러한 경영정신을 보여주는 브랜드가 있습니다. 역시 옮겨보겠습니다.

'대전에 갈 때에는 어김없이 은행동에 있는 성심당에 들러 튀김소보로를 사온다. 1956년 대전역 앞 작은 찐빵집으로 시작한 성심당은 60년이 지난 지금까지도 대전을 대표하는 빵집으로 그 자리를 지키고 있다. 프랑스의 미슐랭가이드에도 소개될 정도로 수십 년 동안 인기가 유지되고 있는 이유는 물론 튀김 소보로를 비롯한 빵이 맛있고 또 그 맛은 시간이 지나도 변하지 않기 때문이다. 그러나 그 맛을 유지하는 비결은 결국 빵을 만드는 구성원에 대한 대표의 마음가짐과 자세에 있다.

성심당의 핵심은 사랑이다. '글로벌 시대를 위한 기업의 경쟁력' 같은 말은 어디에서도 찾아볼 수 없다. 지금의 맛을 유지하고 동료를 사랑하는 문화를 바탕으로 가치 있는 기업이 되자는 것이 전부다. 매일 남은 빵을 고아원이나 양로원에 기부하는 선행으로 교황청에서 훈장을 받기도 한 성심당은 말 그대로 사랑이 넘치는 브랜드다.

성심당은 서울을 비롯한 여러 지역으로의 진출을 제안 받았지만 오직 대전에서만 빵을 만든다. 프랜차이즈 사업을 통해 전국으로 매

13 임태수 (2016), 날마다, 브랜드, 안그라픽스, pp.44~45.

장을 확대하고 매출을 늘리는 것보다, 맛과 품질을 유지하고 구성원들과 그들이 일하는 근무환경을 하나하나 세심하게 챙겨 내실을 다지고자 하는 대표의 마음가짐과 자세를 느낄 수 있다. 성심당의 착한 고집으로 변함없이 이어져온 전통과 장인 정신은 과연 칭찬받을 만하다고 생각한다.'[14]

이런 신념을 가진 경영방침은 스토리텔링을 형성하여 브랜드의 정체성을 굳혀 갑니다. 이 부분이 참 중요합니다. 사람들은 호감을 느끼고 지속적으로 애용하는 브랜드와 자신을 동일시합니다. 살아가고자 하는 방향, 라이프스타일을 브랜드와 동반하고자 하는 성향을 갖고 있습니다. 사업이 잘 되어도 초심을 잃지 않고 중심을 잡아가는 브랜드, 나눔을 실천하는 브랜드를 정체성으로 삼아 지속가능한 경영을 해야 하지 않을까요. 이런 브랜드를 여러 개 런칭한 사업가가 많은 사회가 되면 좋겠습니다.

6.2. 마케팅

마케팅에서 중요한 것은 소비자의 의미와 범위 설정입니다. 한 기업의 입장에서 이 세상 모든 소비자들의 욕구를 동시에 충족시켜줄 수 있는 제품이나 모델을 만들 수는 없으니까요. 소비자의 욕구는 매우 다양하여 그 모든 욕구를 한 제품에 반영하기란 거의 불가능합

14 앞의 책, pp.57~58.

니다. 그리고 잘못되면 전문성이 낮아져서 경쟁에서 뒤 떨어집니다. 마케팅컨셉은 이러한 고객 전문화의 중요성을 강조하고 있습니다. 즉, 특정 상품의 구매에 관심을 가지고 있는 잠재고객들을 일정한 기준에 의해 분류하고 그 중에서 자사의 상품을 가장 잘 이해할 수 있고 원하는 목표 고객을 찾습니다. 이것을 시장 세분화(market segmentation 또는 segmenting)와 목표 시장의 선정(target marketing 또는 targeting)이라 합니다. 고객을 분류하는 방법에는 여러 가지가 있습니다. 나이와 성별, 소득수준, 라이프스타일, 소비행태 등이 있습니다. 개발자는 이 중에서 그들의 상품을 가장 잘 받아들일 수 있는 계층을 찾을 수 있는 기준을 이용해야 합니다.

기업의 마케팅 활동은 시장 세분화와 목표시장의 선정에서 끝나는 것이 아니라 제품의 존재를 목표시장 사람들에게 알려 주어야 하는데요, 이 작업을 포지셔닝(positioning)이라 합니다. 포지셔닝은 한 기업의 상품에 대하여 사람들의 마음속에 자리매김하는 작업입니다.

마케팅 역시 시장(market)상황을 잘 파악하고 사람들을 얼마나 정확하게 이해하는가에 성패가 걸려 있습니다. 여기서 시장이라는 것은 구매자, 소비자들로 이루어져 있는데, 이들의 욕구는 영구불변한 것이 아닙니다. 소비자들의 욕구와 취향은 시시각각 변해갑니다. 따라서 마케터들은 시장의 변화에 신속하게 부응하지 않으면 도태되기 마련입니다. 그래서 시장을 여러 기준과 요건에 의해 잘 구분 하는 것도 중요하지만 세분화된 시장 중에서 가장 적합한 것을 선택하는 일이 중요도를 더 해 가지요.

목표시장을 선택할 때에는 기업의 역량, 기술력과 같은 내부사정

뿐만 아니라 시장 자체의 매력도도 신중하게 생각해야 합니다. 시장의 매력도란 규모와 성장성, 시장 내의 경쟁의 강도 등을 말합니다. 지금 현재의 시장규모는 작지만 앞으로 빠르게 성장할 가능성을 보이는 시장을 개척해 나가는 방법이 바람직하겠습니다. 이런 시장을 잠재시장이라고 합니다.

이 시장을 볼 수 있는 논리적 예측에 의한 판단력이 필요합니다. 여러 가지 통계와 경제지표 등의 신뢰성 있는 보도 자료들을 살펴 시장상황을 통찰하는 논리적 기초과정이 필요합니다. 그 후에는 직관을 앞세운 디자인 사고로 마케팅 방법을 구사함이 좋습니다. 디자이너는 '보여 지는 상황을 최선이라 생각하지 말고, 개선점을 모색한다'는 명제를 계속 교육받고 훈련합니다. 일반적이고 평범한 사고로는 획기적 개선점을 찾기가 어려우므로 다소 위험을 감수하고라도 다른 시각에서 현상을 보는 발상을 하게 됩니다. 이러한 역발상들은 작은 단서에서 찾아지는데요, 욕심을 내려놓고 '함께 잘 되고자' 하는 순수함으로 접근하면 더 잘 발견됩니다.

마케팅은 브랜드 전략을 소비자에게 효과적으로 전달하기 위한 구체적 과정입니다. 여기에도 시각적 효과와 스토리텔링이 필요한데요. 범위를 좁혀서 보겠습니다. 최근 역발상적 아이디어들로 좋은 반응을 얻은 마케팅 광고들을 보면, 상품의 우수함을 강조하기보다는 진정성과 나눔, 상생 등의 무형의 가치들을 주제로 삼은 것이 많습니다. 5장에서 강조한 무형의 가치인 '신뢰, 진정성, 위로, 상생, 나눔, 존중' 등을 경영전략으로 채택하고 이를 소비자에게 전달하는 사례들로 좁혀서 보겠습니다.

6-2. 기부에 참여하는 것을 선택하는 생수

그림 6-2를 보시죠. 추가로 있는 별도의 바코드를 찍어 달라고 요청하면 구매자가 100원을 더 부담하여 기부하게 하는 CJ제일제당의 생수 '미네워터' 광고입니다. 소비자가 100원을 상품가에 더하게 되어 구매가격이 상승하지만, 생산자도 100원, 유통판매자도 100원을 추가 자동 기부하도록 설정이 되어 있습니다. 생수 한 개당 도합 300원을 수질이 좋지 않은 국가에 정수시설을 만드는 비용으로 기부하는 공익성을 기업이 실천하고 있으며 이에 동참했다는 만족감을 소비자가 얻는 마케팅입니다. 이를 통하여 기업은 '함께 좋은 일을 한다'는 브랜드 이미지의 상승을 기대하는 것이지요.

불균형한 영양섭취로 인기가 하락하고 있는 맥도널드 햄버거는 고민이 깊습니다. '어린이는 일주일에 한 번만 맥도널드를 이용하는 것이 좋다'며 방문제한을 권장하는 광고를 하여 오히려 매출이 늘어나는 단기효과를 본 일이 있었습니다. 소비자를 걱정하는 정직함(?)이 신뢰를 불러일으킨 사례입니다.

6-3. 어린이들은 맥도널드 햄버거 섭취를 줄여 달라는 역광고로 매출량을 오히려 늘게 만들었다.
6-4. 아웃도어 의류 파타고니아의 역광고 '이 재킷을 사지 마시오"

그림 6-4를 봐 주세요. 이 재킷을 사지 마라? 궁금증을 유발시킵니다. 생산하는 행위는 필연적으로 환경을 훼손합니다. 그러므로 환경을 생각하면 제품을 생산해서는 안 되지만 그럴 수가 없으니 꼭 필요하지 않으면 사지 말라는 메시지를 전달합니다. 종전 마케팅과는 다른 행보이지요. 구입 후, 수선해서 오래 입으라는 파타고니아의 마케팅은 성공하여 미국 아웃도어 시장에서 2014년 시장 점유율 2위를 기록했습니다. 마케팅 전략이 바뀌고 있음을 시사하며 독특한 아이디어로 브랜드 정체성에 차별화를 시도하는 현상들이 늘어나고 있습니다. 세 가지 광고의 메시지는 나눔과 상생, 정직한 진정성, 환경 보존 등으로 해석할 수 있겠습니다.

어떤 상품이라도 단점은 한두 가지씩 있게 마련입니다. 네델란드 암스텔담에는 한스 브링커 버짓 호텔이 있습니다. 말이 좋아 호텔이지 일반 호텔에서 제공하는 서비스가 없어요. 아침식사도 제공되지 않고 호텔 객실에 있어야 할 화장대와 거울도 없습니다. 일반적으로 투숙객이 호텔에 기대하게 되는 최신시설도 물론 없습니다. 다만 낡은 것들을 청결하게 관리하기만 합니다. 이 호텔은 누추한 단점들을 부끄러워하고 감추기 보다는 '그래, 우리는 이렇다' 하는 식으로 단점들을 오히려 과장되게 알렸습니다. 이 호텔이 만든 광고를 찾아보면요, 허름한 방에 매트리스 하나만 놓여 있는데 천연덕스럽게 "당신의 집 같은 안락함'이라고 설명합니다. 1차 광고에 이어 2차, 3차 광고도 "뭐 대단한 걸 기대하지 마세요. 집이라는 게 다 그렇지요"하고 말합니다. "한스 브링거 버짓 호텔, 더 나빠질게 없습니다. 커튼을 열어봐야 앞 건물에 가려 전망도 좋지 않지요"라는 문구도 있고요.

그렇다면 이렇게 단점 투성이인 호텔을 누가 이용하라고 광고를 하는 것일까요? 이 모든 단점은 '저렴한 가격' 이라는 장점을 역으로 부각시키는 효과를 가져와 알뜰 여행객들을 끌어 모았습니다. 고급스러운 장식과 부대시설, 과도한 서비스 등은 가격을 올리는 요소일 뿐이라는 메시지를 전하게 된 것입니다. 사람들은 별로 기대할게 없음을 당당하게 밝힌 이 호텔의 솔직함을 좋아했습니다. 기대가 없으면 실망도 없는 법. 이 호텔을 찾은 투숙객들이 호평을 인터넷에 올려주어 전 세계 배낭여행자들이 꼭 가보고 싶은 숙소 중 하나가 되었습니다. 그 어느 상품도 완벽하지 않습니다. 그러나 결점을 장점으로 승화시키는 점이 중요한데 이 호텔처럼 "우리는 싸구려다. 그러므로 집처럼 마음 편하고 저렴하다"라고 부각시키는 아이디어가 돋보입니다.

세계적인 트렌드 조사기관인 트렌드 워칭은 2012년 트렌드 중 하나로 '결점 있는 마케팅(flaw-some marketing)을 꼽았습니다. 결점을 일부러 드러내어 마케팅효과를 누린다는 것인데 이러한 트렌드가 생겨난 원인을 이해할 필요가 있습니다. 트렌드 워칭은 두 가지 이유로 설명을 합니다.

첫 째, 정보 확산 속도 때문입니다. SNS(소셜네트워킹서비스)같이 기업의 잘못이나 단점은 사람들의 이목을 순식간에 집중시킵니다. 그러므로 처음부터 솔직할 필요가 있습니다.

둘 때, 소비자들은 투명성을 추구하는 경향이 강해지고 있습니다. 이는 믿을 수 없는 정보 속에서 자신을 보호하고자 하는 소비자들의 방어의식입니다.

그러므로 기업이 감추려는 단점도 언제인가는 밝혀지는데, 그 파급효과가 굉장히 빠르고 크다는 점을 기억해야 합니다. 그러니 덮을 생각 말고 '있는 그대로' 전해야 한다는 것이죠. 소비자들이 등을 돌린 후 변명하는 것은 늦습니다.

존중 7

트렌드와 라이프스타일 진단

7.1. 트렌드

트렌드라는 사회적 흐름 및 경향을 파악하는 목적은 미래를 예측하기 위함입니다. 상품기획은 다분히 미래지향적인 것이므로 현재시점에서 기획하는 상품이 미래에 얼마나 좋은 반응을 받을 수 있는가를 판단하는 것입니다. 이러한 과제가 지닌 진정한 의미는 현재 시점에서 현재의 의미와 움직임을 파악하고 그 단서들을 적용하여 미래의 성공을 예측하는 수단으로 사용하는 데 있습니다. 이러한 접근법을 '예시적 설계(anticipatory design)'라 하며, 혁신을 지향하는 개발자들은 이 능력이 탁월하기 때문에 시장을 선도합니다. 현재의 상황을 진단한 후에 가능합니다. 쉬운 예측 하나 해 봅시다.

소비의 주체이자 386세대라 불리는 베이비붐 세대가 장년에 접어들고 있습니다. 이는 미래에 의료기기 및 의료분야 서비스 상품에 대한 요구가 증가할 것이라는 예측이 가능합니다. 더 나아가서는 실버산업이 크게 확장될 것이라는 예측을 할 수 있습니다. 현재의 인구증가가 감소하고 있다는 통계는 영아, 유아제품시장이 축소될 것이라는 예측이 가능하고, 여성의 사회적 지위와 소득이 증가하고 있는 현상은 여성용품시장이 확대될 것이라는 예측을 도와줍니다. 여기까지는 누구나 쉽게 추측할 수 있는 개념입니다. 조금 더 관심을 갖고 시장 변화를 구체적으로 고찰해 봅시다. 신뢰성을 갖춘 정부기관 자료를 참고하는 것이 좋겠지요.

국세청은 2017년 11월 29일에 '100대 생활업종 현황'을 발표했습니다. 업체 수 증가 1위는 스포츠시설입니다. 기대수명이 늘어나면서 건강에 대한 관심과 운동의 실천이 증가하고 있는 현상입니다. 반면에 청년실업이 크게 늘면서 결혼을 늦추거나 아이를 갖지 않는 신혼부부가 많아집니다. 각각 결혼상담소와 예식장의 축소로 나타납니다. 또한 산부인과의 수익이 크게 감소하는 현상이 발견됩니다.

상품의 구입방식도 바뀌어 갑니다. 온라인쇼핑몰 등의 통신판매업체는 2017년 기준 3년간 46% 증가했습니다. 같은 기간에 오프라인 판매는 저조합니다. 결혼을 늦추는 1인가구의 증가 역시 시장에 적지 않은 변화를 예고합니다. 일단 애완동물과 같이 사는(외로우니까!) 가구가 늘면서 애완동물 용품산업이 3년간 80%로 거의 두 배 확장했습니다. 혼자 살면서 음식조리를 하지 않게 되면서 편의점과 패스트푸드점도 각각 37%와 24%의 사장확장을 보였습니다.

이렇듯 트렌드를 확인하고 시장 변화를 파악하는 데 도움을 주는 요소는 사회, 경제, 그리고 기술 분야에 대한 다양한 분석에 있습니다. 이러한 요소들은 시장이 어떠한 영향력을 갖추고 있으며 시장에서 요구하는 것이 무엇인지 확인시켜주는 역할을 합니다.

사회적 요인은 시장의 문화, 라이프스타일 및 정치적 측면을 주목하며 경제적 요인은 시장의 구매력과 구매시점을 살피고 기술적 요인은 틈새 영역 내에서 새로운 기술사용 트렌드를 주시합니다. 사회적, 경제적, 기술적 요인들은 주어진 좁은 시장 상황을 설명하며 역동적인 요인들 중 하나에 의해 제품개발이 추진되거나 지연될 수 있습니다. 그래서 혁신적인 개발자들은 현재 시점에서 요인들을 읽어내고 이 요인들의 발생에 따른 변화에 적절하게 대응합니다.

지난 산업화시대의 디자인은 기업과 물질의 소비를 촉진시킨다는 면에서 '물질적 가치의 효과적인 표현'이 주된 역할을 맡았으나 현재의 지식정보화 사회에서는 물질적 가치와 함께 '정신적 가치'도 주목을 받습니다. 산업화시대의 개발 대상은 하드웨어적이고 물질적이고 가시적 상품에 국한되는 경향이 있었습니다. 따라서 상품의 가치가 기능성과 생산성을 높이는 방향에 초점을 맞추어왔습니다.

디자인의 내용면에서는 외형적이고 제품의 기능이 흔히 디자인에 우선하는 형식을 취해왔습니다. 지식정보사회의 물질적이고 하드웨어적인 영역을 초월하는 비 물질, 비가시적인 가치 같은 소프트웨어적 내용들이 사회의 주요 요인으로 대두되면서 디자인 역시 이러한 가치를 적극 수용하는 방향으로 전개되어집니다. 왜냐하면 현 시점에서는 상품의 하드웨어 성능이 상향평준화되는 현상이 계속되기 때문입니다.

기업의 , 국가의 고유기술이라는 것은 비교적 짧은 시간 내에 후발주자들에게 공유됩니다. 따라서 차별화와 고부가가치를 위해서는 사용자 인터페이스(UI : User Interface)나 디자인 등 '소프트 파워'로 우열이 가려지는 경향이 점차 부각되고 있습니다.

그러면 우리가 파악해야 할 소프트웨어를 위하여 트렌드를 작은 것부터 큰 것의 순서로 살펴보겠습니다.

마이크로 트렌드(Micro Trend)

마이크로 트렌드는 말 그대로 작은 트렌드이며 국지적, 미시적, 예외적, 일시적, 가변적, 특수적, 비주류의 성격을 지닙니다. 작지만 발랄한 트렌드로서 미래에 예정된 변화의 조짐일 수 있습니다. 지역으로는 서울 강남 가로수길, 삼청동, 홍대 앞 등의 실험적 상권이 있으며 이태원이나 안산의 외국식당가의 형성과 같은 문화적 변화도 읽을 수 있습니다. 연예인들에게서도 작은 트렌드 발생을 읽을 수 있어요. 궁상민이라는 별명을 가진 가수 이상민이 2017년 현재 큰 관심을 받고 있습니다.

방송 프로그램에서 연어 머리로 조리를 해 먹는 장면이 방영되면, 연어 머리 가격이 오르고 오징어 입으로 음식을 만드는 장면이 방영되면 오징어 입이 소셜 쇼핑 사이트에 상품으로 바로 소개됩니다.

7-1. 연예인 이상민

이렇게 그가 살아가는 모습이 시장상황에 영향을 줄 정도로 호응이 높습니다. 이 현상은 이상민이라는 캐릭터가 지닌 채무 사정 때문인데요, 그가 많은 금전적 빚을 지고 있다는 상황에 공감하는 채무자들이 많기 때문입니다. 그래서 이상민을 격려하고 지지하는 팬이 형성되고 공감하는 시청자가 늘어나는 현상입니다.

그렇다면 어려운 상황을 정직하게 밝히는 용기, 그 상황을 극복해 나가는 노력의 실시간 공유, 공감대를 만들어가는 과정을 기획해 볼 수는 없을까요? 이 단서들은 장차 주류 트렌드로 확장될 가능성이 매우 높습니다. 그러므로 마이클로 트렌드는 기획자에게 대단히 중요한 의미를 지니고 있으며 항상 주시하고 분석할 필요가 있습니다. 마이크로 트렌드가 모두 주류화 되지는 않으나 판단과 예측을 정확하게 짚으면 그 중 몇몇 현상은 시간상으로 지속성을 지니며 다른 영역으로 확대되고 영향을 줍니다. 특히 조기시장 형성에 큰 참고사항이 됩니다.

주류 트렌드(Mainstream Trend)

사람들의 욕구와 생활양식의 변화 그리고 시장에 큰 영향을 주는 현상입니다. 특히 장기시장 형성에 영향을 주게 됩니다. 건강을 최우선시하는 웰빙문화나 정서적 치유를 중요시하는 힐링과 같은 현상을 예로 들 수 있습니다. 출판계에 마음을 치유하는 서적이 베스트셀러를 이루는 것과 의과대학에서 정신과를 지망하는 의학도가 증가하는 상황 등이 그것입니다. 디자인과 경영에 있어서는 친환경이나 자연친화, 무공해라는 요소가 2000년대에 들어서 기본 틀이 되었습니다.

주류 트렌드는 사람의 마음을 움직이는 가치를 지녔으므로 갑자기 축소, 소멸되는 현상이 아닙니다. 그리고 큰 시장을 이미 형성하여 진행되고 있습니다.

메가 트렌드(Mega Trend)

정치, 경제, 문화 등을 움직이는 사회의 거시적 변동입니다. 한 지역이나 국가를 넘어 범 세계사적 현상이며 인간 욕구를 광범위하게 변화 시킵니다. 사례를 몇 가지 살펴보면 아래와 같습니다.

· 지위와 위신, 체면 보다는 좀 더 많은 다양한 자질을 갖추고자 하는 욕구.

· 국가나 사회에 대한 충성 보다는 가족과 개인의 안정을 중요하게 보는 시각.

· 경쟁보다는 내면의 성장이 더 중요하다는 의식.

· 좀 더 많은 재화(돈)가 목표라기보다는 좀 더 많은 시간을 추구하는 욕구.

이러한 현상들은 시장에 지속적인 영향을 줍니다. 과거에 중대형 자동차나 모피, 보석 같은 것을 최고의 가치로 선호하는 경향이 있었다면 현재는 신형 아이폰과 같은 모바일을 가장 먼저 소유하고픈 욕구가 있습니다. 이것은 물질을 숭배하던 현상에서 보다 나은 서비스와 경험(체험)을 중요하게 보는 사고입니다. 가치관이 물질의 소유에서 정신적 만족을 높이는 방향으로 전개되고 있음을 의미합니다. 그리고 한 세대 이상 지속될 것입니다.

앞의 글에서 디자인과 경영, 그리고 경제 원리는 서로 분리해서 생각할 수 없다고 언급하였는데, 디자인의 방향과 사용자를 고려하기 위해서는 경영방식과 경제상황을 분석하는 것이 디자인에 타당성을 부여하기 때문입니다. 특히 상품디자인은 논리적 근거와 디자인이 존재해야 하는 타당성이 우선해야 합니다. 달리 보면 조형적 가치, 심미성보다도 이것이 더 중요하다고 생각합니다. 시장은 더욱 분화되고 사람들은 각자의 생활에 개성을 추구합니다. 어린이부터 노인까지 누구나 사용하기에 무난한 제품도 물론 있습니다. 우리가 흔히 사용하고 있는 모나미볼펜 같은 스터디셀러가 그것입니다. 그러나 사람 각자가 생활방식과 사고가 복잡다단해 지는 현대사회에서는 구체적으로 누구를 위한? 그리고 어디에서 언제 사용하는가? 등의 6하 원칙에 준한 라이프스타일을 면밀하게 연구하는 것이 기획의 필수적인 출발이라고 보여집니다.

여기에서 중요한 것은 사용자의 의미와 범위입니다. 개발자의 입장에서 이 세상 모든 사용자들의 욕구를 동시에 충족시켜 줄 수 있는 상품을 기획하기는 매우 어렵습니다. 그리고 그럴 필요도 없다고 생각합니다. 이제는 다양성이 공존하는 다문화시대이기 때문입니다. 사용자의 욕구는 너무도 다양해서 그 욕구를 하나의 제품에 모두 반영하기는 거의 불가능해집니다. 이 현상은 시간이 흐를수록 심화될 것입니다. 마케팅측면에서 방향을 설정할 때, 고객전문화의 중요성이 강조되는 것도 이런 이유 때문입니다. 고객전문화란 특정한 제품의 구매에 관심을 가지고 있는 잠재 고객들을 일정한 기준에 의해 분류하고 그 중에서 개발자의 의도를 가장 잘 이해하고 그것을 원하는 목표 고객(사용자)을 찾는 것입니다. 이것을 마케팅에서는 시장 세분화(market segmentation 또는 segmenting)와 목표 시장의 선정(target marketing 또는 줄여서 targeting)이라 부릅니다.

사용자를 분류하는 방법에는 여러 가지가 있습니다. 나이나 성별, 소득수준, 소비행태, 직업이나 거주지역 등이 있습니다. 개발자는 이 중에서 자신이 착수해야 할 제품을 기획할 때, 타겟 설정을 우선하여 디자인의 방향을 세워 나가야 효율적입니다. 시장을 여러 기준과 요건에 의하여 구분하는 것도 중요하지만 세분화 된 시장 중에서 가장 적합한 사용자 라이프스타일을 이해하는 것이 중요합니다. 사용자 입장에서 시장의 매력도[15]를 측정해야 실수를 줄일 수 있습니다. 그리고 현재의 시장 규모는 작지만 앞으로 빠르게 성장할 가능성이 보이는 시장을 판단하여 선점하는 것도 고려해야 합니다.

그림 7-2는 신상품이 발매되었을 때, 초기에 구매하는 사람들과 시간이 경과하면서 구매하는 사람들을 성향별로 구분하여 명칭을 부여한 것입니다. 새로운 기술을 담은 제품이 소개되었을 때, 신기능을 접해보기 위해 사용상의 결함을 감수하면서 최첨단 제품을 즐기려는 혁신 그룹은 항상 존재합니다. 이러한 제품의 구매자들은 트렌드의 초창기를 선도하는 역할을 합니다. 그러나 이러한 혁신그룹(세분화하자면 혁신자는 이노베이터라 하지만, 본서에서는 넓은 의미에서 혁신자와 조기수용자를

15 시장매력도란 규모와 성장성, 시장 내 경쟁의 강도, 선점업체의 시장 점유율 등을 말한다.

묶어서 얼리어댑터 : early adapter라 지칭한다)의 얼리어댑터들의 구매가 항상 성공적 대량판매로 이어지지는 않습니다. 그래도 신제품을 기획하는 단계에서는 해당 아이템에 관심을 가져 줄 얼리어댑터의 성향을 분석하는데, 특히 그 라이프스타일을 파악하는 것이 관건입니다.

모든 상품은 수명주기를 갖습니다. 출시된 시점에서 수십 년간을 판매되는 초베스트셀러 상품도 있고, 출시 후 판매가 부진하여 곧 단종 되는 것도 있습니다. 그림의 수명주기를 보면 매출이 늘고 있는데 이익은 줄어드는 시점이 있습니다. 이는 경쟁사들이 뛰어들어 가격경쟁이나 서비스강화를 하고 있기 때문입니다. 상품수명주기는 시장에 존재하는 제품들 간에 어떠한 차이가 있는지, 그리고 새로운 제품을 도입할 시기가 언제인가를 파악하는데 자료로 활용됩니다. 이러한 부분을 '상품 기회 차이'라고 합니다.[16] 미래학자 토플러(Toffler)는 소비자들은 전문가에 뒤지지 않는 제품지식과 사용 경험을 토대로 생산(producer)과 소비(consumer)를 동시에 추구하게 될 것이라 하였습니다. 이는 탈산업사회의 다양한 현상 중 하나인데 생산자와 소비자의 역할을 동시에 하는 '프로슈머(생산자라는 producer와 소비자인 consumer의 합성어)'라 불립니다. 그 중에서도 소비자중의 소비자라는 뜻의 알파소비자(alpha consumer)는 신상품의 진로를 선도하는 집단입니다. 이들은 스스로 디자인도 하고 자신만의 브랜드도 만들고 시장의 흐름도 끌고 갑니다. 이미 출시된 신제품을 남들보다 일찍 받아들이는 수준의 '조기 수용자, 얼리어댑터' 보다 기술적 전문성이 높고 사회적 영

16 크레이크 M. 보겔 외, 디자인으로 미래를 경영하라. 럭스미디어, 2006, p.98.

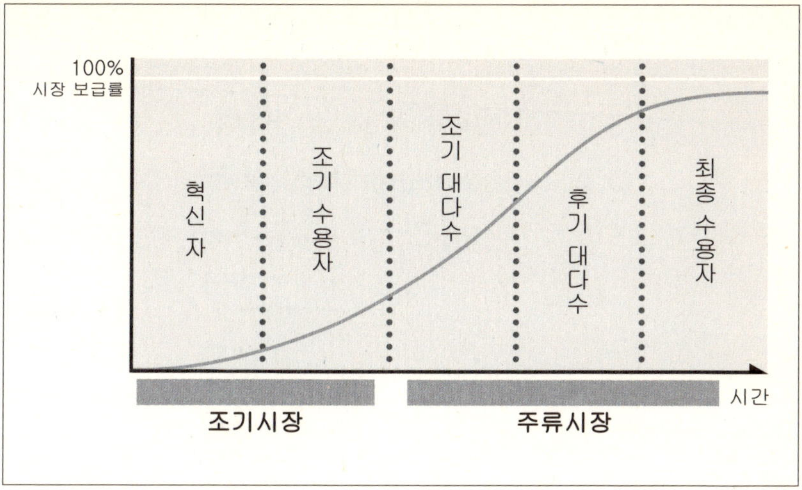

7-2. 혁신확산 곡선

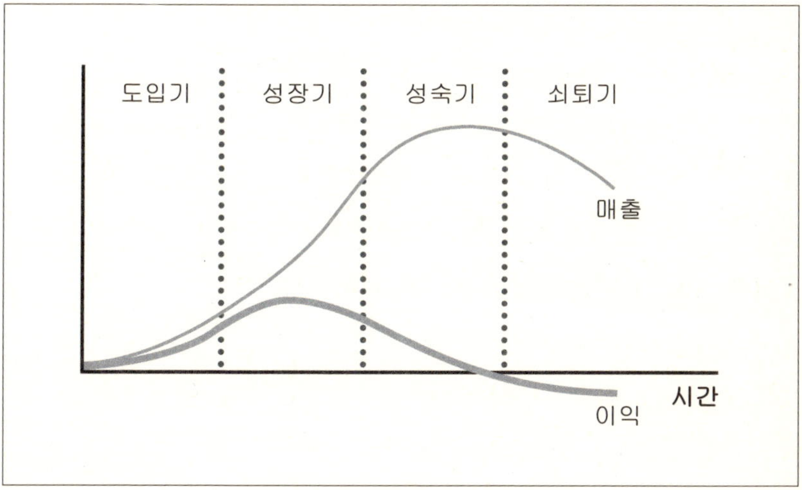

7-3. 상품 수명주기

향력도 높습니다. 따라서 이들을 상품개발과정에 참여시키면 신상품의 경로와 수명은 더 분명해질 수 있습니다. 상품수명주기의 곡선도 소비자의 라이프스타일과 관련이 있습니다. 그리고 새로운 트렌드와 유행 코드는 새로운 소비층을 만들어 내기도 하고, 새로운 라이프스타일을 가진 종족(?)의 등장으로 인하여 기존의 트렌드가 바뀌기도 합니다.

7.3. 시장진입 이후의 대책

상품을 가격대 별로 분류하면 다섯 개 층이 가능합니다. 고가, 중고가, 중가, 중저가, 그리고 저가시장입니다. 고가 및 중고가 상품군은 기존의 브랜드가 강한 장악력을 구축하고 있을 뿐만 아니라 고도의 기술력과 자본을 갖고 있어서 후발주자의 시장 진입이 쉽지 않습니다. 아직 경쟁이 가열되지 않은 시장을 눈여겨 볼 필요가 있으며 그런 시장은 중저가 및 저가에서 발견할 가능성이 더 많습니다. 저렴하지만, 조악하지 않은 상품, 아이디어가 혁신적이고 좋은 가치관을 담고 있는 상품이라면 현대 소비자의 지지와 공감을 형성시킬 수 있습니다.

그런데 중저가의 로우테크 상품은 모방, 표절 당하기가 쉽습니다. 시장 집입에 성공한 이 후 발생하는 흔한 상황인데요, 개발에 많은 시간과 비용을 투자한 개발자들 입장에서는 참 곤혹스러운 상황입니다.

7-4. 표절의 사례

그림 7-4는 2010년 오픈 한 생과일주스 업체 '주씨'를 모방하는 사례들입니다.

상표뿐만 아니라 매장 스타일과 메뉴까지 모방했습니다. 창의적인 상품을 개발하여 시장진입에 성공하면 이를 표절하는 경쟁자들이 반드시 출현합니다. 각오를 하고 있어야 해요. 앞의 상품 수명주기 그림에서 순이익이 감소되는 시점부터 표절상품이 나오는 시기라 보면 됩니다. 고난이도의 기술력이 필요하지 않는 업종은 모방이 쉽기 때문에 더 심하게 나타납니다. 이런 현상은 개발자 입장에서는 분명히 괴로운 상황이지만, 시장에서 성공하면 표절이 발생할 것을 각오하고 있어야 합니다. 사실 계속 발생하는 유사 브랜드들을 소송으로 이기기는 힘듭니다. 현재는 유사 브랜드를 막을 법적 근거가 부족한 현실이며 상표를 등록하거나 특허를 출원하면 다소 효력 있기는 합니다. 문제는 소비자들이 최초 개발자의 오리지널리티(원조)를 인식해 주어야 하는 부분입니다. 상품을 개발할 때는 최초의 개발품과 함께 그 파생형도 사전에 준비해 두어야 합니다. 시장진입에 성공하여 매출과 순이익이 올라가면 경쟁자들은 모방을 하거나, 자신들의 상품 가격을 내려 가격경쟁력을 높이고 서비스를 강화 하여 시장을 내주지 않으려 합니다. 이 시기에 제2탄인 파생형을 시장에 또 내놓고, 적절한 시기에 세 번째 혁신상품을 발표하면서 시장 주도권을 강화시켜 가는 방법이 가장 바람직합니다. 애플이 폰에 1,2,3...등의 번호를 주어 연속적으로 시장진입을 시키는 것이 그 예입니다. 그러면 소비자들은 혁신상품은 누구이고, 모방자는 누구인지 인식하게 되므로 표절 상품이 부당이익을 취할 자리가 없어집니다. 한 편, 개발자 측은 브랜드가 형성되어 안정적 상태로 가게 됩니다.

2015년 상반기는 꿀과 버터가 과자에 가미된 상품이 큰 인기를 끌었습니다. 최초 개발자는 해태제과였습니다. 허니버터칩은 제과시장을 흔들면서 품절이 되는 사례가 빈번할 정도로 높은 매출을 기록했습니다. 그러자 타 제과업체들도 꿀과 버터 맛이 가미된, 그리고 패키지가 노란색인 상품들을 빠르게 출시하면서 방어에 나섰습니다. 그 시기에 해태는 제2, 제3의 파생상품을 출시하면서 '허니버터'의 원조가 자신들임을 소비자에게 인식시켰습니다. 2017년 현재 모방제품들은 침체되어 사라지고 해태의 허니버터만이 지속적 매출을 보여주고 있습니다.[17]

17 허니버터칩도 일본 과자를 모방한 것이라는 견해가 있다.

상생 8

스티브 잡스의 인문학적 경영

스티브 잡스, 빌 게이츠, 마크 저커버그의 경영은 참여, 공존, 상생을 추구합니다. 특히 스티브 잡스는 소비자들이 참여하고 이윤을 나누자는 '스토어' 운영을 통해 시장 확산을 도모하였습니다. 인문학적 직관력을 경영 및 시장창출에 적용하여 후발주자이면서도 시장을 선도한 사례입니다.

8.1. 기술과 인문학의 융합

애플의 창업자 스티브 잡스는 신제품 출시 컨퍼런스에서 다음과 같은 말을 하였습니다.

"애플은 변함없이 기술과 인문학의 교차점에 서 있었습니다."
"세계 유명 IT업체들이 기술을 앞세워 경쟁하지만 애플의 힘은 인문학에서 나옵니다."
"그동안 사람들은 기술을 따라잡으려 애썼지만 사실은 반대로 기술이 사람을 찾아와야 합니다."

8-1. 스티브 잡스의 아이패드(iPad) 출시 당시 키노트(Keynote) 연설
(Yerba Buena Center for the Arts Theater 2010)

애플의 신제품 출시 컨퍼런스를 보면(애플은 신제품을 출시할 때마다 '맥월드 쇼' 라는 컨퍼런스를 열며 주목을 받습니다) 애플의 지속적인 혁신의 본질이 무엇인지 알 수 있습니다. 잡스가 애플의 혁신이 인문학을 근거로 수행된다는 말을 의미 깊게 주목해보면 지속적 혁신의 본질은 바로 인문학을 기반으로 한 삶의 본질에 관한 통찰에서 출발하였다는 짐작을 할 수 있습니다.

신제품 설명회에서 애플만의 장점을 부각시키는 과정을 보면, CEO 스티브 잡스는 늘 뛰어난 디자인을 강조합니다. 그만큼 디자인이 애플의 혁신 중의 핵심이라는 뜻입니다. 또한 애플의 디자인은 형태적 미학에서 끝나지 않고 제품을 넘어서 브랜드의 모든 장점을 설명하는 대표적인 상징이 있습니다. 즉 세련된 이미지를 잘 표현한 단순화된 형태(미니멀리즘)뿐 아니라 뛰어난 기술적용과 사용의 편리성을 고려한 인터페이스, 하드웨어와 콘텐츠의 결합, 새로운 사용자 경험

가치(UX: User Experience), 그리고 제품을 중심으로 한 사용자 네트워크와 산업 생태계 등 이 모두가 애플만의 본질적 가치로부터 나온 요소입니다.

애플의 디자인적 사고가 전 세계에 통용되어 고객충성도를 이어오는 이유는 세대와 국적을 초월하여 전 세계인의 공통된 보편적 가치(공통분모)가 애플 제품을 통해 투영되기 때문입니다. 즉, 애플은 사용자가 자기 자신과 애플 제품을 동일시하거나 자기표현의 일부라 여기고, 항상 소유할 만한 가치를 담아내는 능력이 탁월합니다.

'인간적'이라는 것, 즉 인간미는 인문학이 본질적으로 내포하고 있는 '사람다운 삶'에 대한 질문과 해답을 찾아가는 과정입니다. 다시 말하면 높은 로열티를 가진 브랜드는 인문학적 특성을 바탕으로 한다고 할 수 있습니다.

8.2. 스티브 잡스의 복귀와 애플의 도약(1998)

스티브 잡스는 1997년 여름 애플로 복귀하자마자, 발포플라스틱으로 만든, 텔레비전 모니터와 특대 크기의 자전거 헬멧을 합쳐놓은 것 같은 흰색 물체를 제시함으로써 주목을 받았습니다. 그것은 잡스가 '아이맥'이라고 이름 붙인 새로운 컴퓨터의 실물 모형이었습니다.

아이맥에서 아이(i)는 '인터넷'과 '나'를 상징하는 창의적 패밀리 명칭이 되었고 지금까지도 좋은 마케팅효과를 가져다주고 있습니다. 당시 PC에 알파벳과 숫자를 결합한 품명을 부여하는 것이 일반적 상

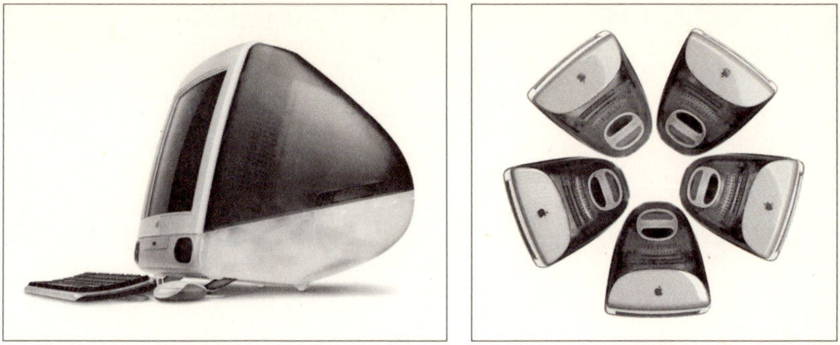

8-2. 아이맥. 이미지출처 : apple-history web site

황임을 고려할 때, 새로운 시도입니다. 인문학적 수사를 붙여서 제품명을 만들었으니까요.

1990년대 중반 컴퓨터업계에서는 가격파괴 바람이 불었습니다. 따라서 애플도 저가형 컴퓨터를 내놓을 수밖에 없었고, 본래 아이맥은 저가의 네트워크 컴퓨터로 고안되었습니다. 그러나 잡스는 아이맥을 기획하면서 불필요한 장비를 없애고, 일체형 본체를 고집하며 친숙함이 느껴지는 외관과 다양하고 선명한 색상의 디자인을 선보였습니다. 그리고 컴퓨터를 처음 접하는 만큼 기계에 대한 막연한 두려움을 가지고 있는 사람들을 위해서 사용자 편의성을 우선적으로 고려하였습니다.

그 결과 푸른빛의 반투명한 아이맥은 즉각 큰 반응을 가져옵니다. 그 후 오렌지, 초록, 보라, 빨강의 네 가지 다른 색상을 가진 반투명한 아이맥이 출시되었고, 1998년 6월 15일에서 7월 말까지 6주 동안 약 27만 8000대가 판매되는 기록을 세웠습니다. 스티브 잡스는 한 가지 제품으로 단숨에 위기의 애플을 구출해낸 것입니다.

내장재가 들여다보이는 반투명 재질(일명 누드 제품)은 그 이전까지 전화기 등 일부 제품에서 이미 사용되어 왔습니다. 그러나 당시로서는 파격적인 색상과 함께 사용된 투명 재질을 컴퓨터에 적용한 것은 위험을 감수한 모험으로 보여 졌습니다. 잡스는 컴퓨터의 보급률로 미루어보아, 사용자에게 있어서 컴퓨터는 어려운 기계가 아닌 친숙한 사무용품이자, 유희도구라는 라이프스타일을 정확하게 짚었습니다. 그의 직관력이 제품 시장에 큰 전환을 마련한 계기였습니다.

8.3. 컴퓨터를 버리고 새로운 시장 진출, 아이팟(iPod) (2001년)

1990년대 말 애플은 큰 문제에 봉착합니다. PC업계의 경쟁사들이 갈수록 저렴한 가격의 보급형 PC를 판매했고 애플은 하드웨어와 소프트웨어를 모두 제조하는 유일한 업체로서 시대에 뒤떨어진 비대한 기업이라는 인상을 주기 시작했던 것입니다. 일각에서는 애플의 독자기술이 너무 비싸고 다른 제품들과 호환도 되지 않는다고 비판했습니다. 판매가 급감하면서 애플의 운명이 내리막길로 치닫는 형국이었습니다. 새로운 돌파구가 절실하게 필요했습니다. 이에, 애플이 선택한 새로운 진출 영역은 음악시장이었습니다. 아이러니하게도 당시 그들의 벤치마킹 모델은 소니(Sony)였습니다. 소니의 오디오와 같은 대중적인 제품을 만들겠다는 것이 애플의 목표였는데 그들이 특별히

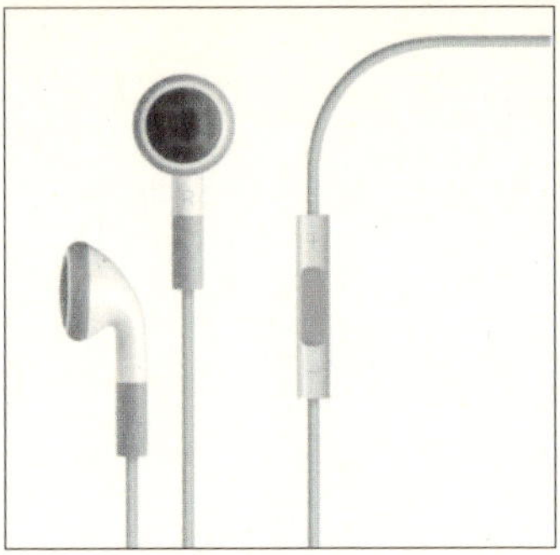

8-3. 아이팟(왼쪽)(apple-history web site)과 흰색 이어폰(Apple home page)

관심을 가진 제품은 소니의 성공을 이끌었던 휴대용 음악기기 워크맨(Walkman)과 같은 MP3 플레이어였습니다.

애플이 개발한 아이팟에 대해 울프슨의 마케팅 담당 부사장은 "아이팟의 참된 가치는 이 모든 부품을 한데 모아 조립하고, 디자인을 최적화하여 최고의 성능을 수행하고, 최대한 전력을 활용하며, 최고의 오디오 기능을 발휘하게 한 것에 있다"고 평했습니다. 즉 아이팟에서 보여주는 애플의 디자인 능력은 기술의 선도나 우수한 외형디자인만이 아니었습니다. 사용자에게 최고의 가치를 제공하기 위해, 여러 곳에 사용권을 지불하면서까지 애플 제품에 맞는 좋은 기술과 부품들을 가져와서 최고의 성능효율과 인터페이스를 구현할 수 있도록 재조합하여 디자인하는 능력이 바로 애플의 핵심적 능력이자 가치입니다. 모든 것을 독자 개발하면 시간과 비용이 크게 증대됩니다. 애플은 실리콘밸리의 소규모 벤처들과 그들이 가진 특허들을 면밀하게 살핍니다. 그 특허를 비교적 저렴한 가격에 사오기도 하고, 삼성이나 LG같은 기술력 좋은 회사에서 핵심부품을 사 와서 조립하는 방법 등, 비용과 시간 절감의 최선의 값을 추출하는 것에 능숙합니다.

아이팟이 등장하면서 빼놓을 수 없는 디자인 아이덴티티는 바로 흰색 이어폰입니다. 사실 당시 이어폰을 흰색으로 정한 것은 플레이어와 단순히 색상을 통일시키려던 의도의 결과입니다. 그러나 우연히 결정된 흰색 이어폰 채용은 아이팟의 또 다른 상징이 되었습니다. 이어폰은 어두운 색이어야 한다는 통념이 깔려 있을 당시에 흰색 이어폰을 꼽고 다니는 것만으로도 아이팟의 홍보효과가 큰 것이었습니다. 아이팟은 전 세계 시장 점유율의 3%밖에 되지 않는 매킨토시에서만 아이튠즈가 연동되었기 때문에 출시 초기에는 큰 영향력을 행사하지는 않았습니다. 그러나 곧 윈도우용 아이튠즈를 개발하고 접속 방식을 USB2 방식을 채용하면서부터 반응은 폭발적으로 나타나지요. 애플에 따르면 뮤직스토어의 윈도우용 서비스는 개시 후 첫 3일 동안 백만 명의 사용자를 확보했고 2005년 초반에는 온라인에서 판매하는 음악의 75퍼센트를 점유했다고 합니다.

8.4. 아이폰 (2007년)

2007년 스티브 잡스가 공개한 아이폰은 기존의 아이팟 기능을 그대로 포함하고 있으면서도 아이팟의 작동 방식보다 훨씬 더 업그레이드 된 멀티 터치(Multi-touch) 인터페이스와 모바일 인터넷 기능을

8-4. 아이폰4. 이미지출처 : apple-history web site

선보임으로써 소비자들과 경쟁 기업들을 깜짝 놀라게 했습니다. 아이폰의 구체적 디자인은 몇 년 후에 구상되었을지라도 디지털 기기를 바탕으로 '디지털 허브'를 구축하겠다는 생각은 이미 아이폰이 나오기 훨씬 전인 2000년 초반에 했던 것입니다. 이러한 큰 밑그림을 바탕으로 지금의 아이폰이 출시되었습니다. 여기서의 디지털 허브는 공상과학의 현실화를 꿈꾸며 기술적 선도를 중심으로 한 최첨단 디지털 라이프를 의미하는 것이 아닙니다. 아이폰의 단순화에 최적화된 외형 디자인과 인터페이스, 소프트웨어 연동 시스템, 전용 마켓(앱 스토어), UX(User Experience) 등은 모두 사용자가 피부로 직접 느낄 수 있는 편안함과 즐거움을 극대화시키기 위해 균형 있게 조합된 요소들이라 봐야 합니다. 기술력만을 최우선으로 하는 기업에서는 구현하기 힘든 창의적 전략이었습니다.

8.5. 스티브 잡스의 철학

지금까지 사례들을 통해 종합해보는 스티브 잡스의 철학은 다음과 같이 네 가지로 나타낼 수 있습니다.

〈표 8-1〉 스티브 잡스의 철학

경험 < 직관
분석 < 실험
분류 < 통합
채움 < 비움

스티브 잡스는 대학시절 선불교에 매료되면서 경험보다는 직관이 더 차원 높은 지적 수준이라고 믿게 되었습니다. 그러면서 친구의 침대에서 명상을 하기도 하고 인도에 매료되어, 돈을 모아 인도를 다녀오기도 했습니다. 물론 스티브 잡스가 자신의 왕성한 호기심을 채우는 데 필요한 경험을 토대로 많은 것들을 습득했지만, 여기서 말하는 경험이라는 것은 통상적으로 인정되고 대대로 물려온 '상식'을 의미합니다. 스티브 잡스는 자신 이외의 모두가 부정하지 않는 '상식'에 대해서 항상 의문점을 품었고, 이에 대한 질문의 해답을 스스로 찾으려 노력했습니다. 그리고 자신의 직관을 굳게 믿는 경향이 강했습니다. 따라서 디자인 사고력이 있는 사람입니다. 이 개념은 앞서 언급한 '경험보다는 직관'과 일맥상통하는 점입니다. 스티브 잡스는 스스로 호기심을 풀고 싶은 욕구가 강해서, 문제의 해답을 항상 직접 찾아보

거나 실험으로 해결하려고 노력했습니다. 스티브 잡스는 자신이 실행하는 모든 괴팍한 행동에 있어 주변 시선이나 앞으로의 상황에 전혀 아랑곳하지 않았습니다. 그러나 이러한 고집스러운 실험정신은 애플의 '지속적 혁신'으로 나타납니다.

스티브 잡스는 애플을 창업했을 때부터 분류나 분리보다는 융합 내지 통합에 관심이 더 많았습니다. 애플 컴퓨터 초창기 모델부터 시작하여 매킨토시, 아이맥 등 본체와 모니터의 통합, 그리고 하드웨어의 통합을 넘어 자사 소프트웨어와의 통합, 심지어는 아이팟 출시 후부터는 산업계 전반의 대형 업체들과 수익률을 불리하게 배분하면서까지 융합을 시도했습니다.

스티브 잡스, 즉 애플은 세부적인 부분까지 통합적이고 전체적인 디자인을 선호합니다. 애플의 어떤 제품을 보더라도 본체에 가장 필수적인 부분만을 제외하고는 파팅 라인(Parting line)이나 나사 구멍을 찾아볼 수 없을 정도로 깨끗한 일체형으로 제조되어 있음을 알 수 있습니다. 무언가 분리되거나 군더더기가 생기게 되는 디자인을 일절 거부합니다. 그래서 애플의 휴대용 전자 기기들에는 여분의 배터리와 분리형 구조를 찾아볼 수 없습니다. 잡스는 지나칠 정도로 완벽을 추구하여 이러한 세부적인 부분에서부터 시작하여 애플의 마케팅 구조까지, 스티브 잡스는 분리보다는 통합의 방향성을 항상 추구했습니다. 이는 스티브 잡스의 완벽주의적인 성격과 통합으로의 욕구가 대단하다는 것을 알 수 있습니다. 잡스는 청년시절 인도 여행을 하고 불교 서적을 공부하면서 '비움'에 대한 철학을 몸에 익히기 시작하였습니다. 그의 간결하고 금욕적인 생활 방식은 애플의 아이팟과 아이폰에 적용한 디자인 철학에도 많은 영향을 끼쳤습니다. 애플은 통합을 중시하지만, 그것이 결코 '되도록 많이 채우는' 일은 아니었습니다. 애플의 아이팟과 아이폰이 각각 음악기기와 휴대폰의 레드오션 경쟁에서 후발주자로서 출발했음에도 커다란 성과를 낼 수 있었던 것은 제품의 컨셉(Concept)을 구상할 때 음반제조사들과의 '상생'을 시도했기 때문입니다. 잡스는 기존까지 존재해온 음악기기와 휴대폰의 만족도에 대한 '상식'에 의문점을 가지고 그 해답을 새로운 시각으로 찾으려고 하였습니다. 과연 지금의 선두 기업들이 소비자에게 최대의 만족을 제공하고 있는지, 아니면 소비자가 미처 인지하지 못하고 있는 부분에 대해서 대기업들이 횡포를 하고 있지는 않는지를 잡스는 날카롭게 간파합니다. 따라서 이미 채워져 있는 일련의 지침들과 상식들, 관념들을 모두 비우고 처음부터 다시 생각했습니다. 그 결과 아이팟과 아이폰은 소비자가 진정 원하는 서비스와 불필요하게 느끼는 서비스를 스스로 판단하고 원하는 것만 채울 수 있게 미리 비워놓았습니다. 이것은 대단히 중요한 의미를 갖아요. 피처폰은 이미 세팅되어 있는 기능을 소비자가 사용해야 합니다. 그러나 아이폰은 사용자가 필요로 하는 것을 스스로에게 맞게 찾아서 채울 수 있는 '여백'이 있습니다. 동양철학에 가까이 접근한 사고방식입니다.

존케니 UC 버클러 컴퓨터 공학교수(2010)는 '애플의 디자이너들은 24시간 내내 세계와 사람들의 일상적인 활동을 보고 그 특징을 지속적으로 이해한다.' 고 말했습니다.

또 그들은 아름다움의 본질을 이해하고 그것을 바탕으로 제품을 만들기 위해 주변의 아름다운 것들을 본다하였는데, 여기서 '아름다움'이란 단어를 '인간'으로 바꾸어보면, 애플은 인간의 본질을 이해하고 그것을 바탕으로 제품을 만들기 위해 인간 주변(일상생활)을 본다고 해석할 수 있습니다. 잡스는 인간이 제품에 대하여 가지고 있는 욕구를 '최첨단의 기술'이 아닌 '사용자가 능히 사용할 수 있다는 인상을 주고 즐겁고 기쁜 대상'이란 인문학(인간) 중심으로 해석하였습니다. 그리고 이러한 인간 중심의 기술들이 조합하여 혁신적인 인터페이스를 갖춘 제품을 설계하였고, 사용자에게는 본질적인 제품에 대한 니즈를 충족시키는 경험(사용자가 능히 사용할 수 있다는 인상을 주고 즐겁고 기쁜 대상)을 제공한 것입니다.

융합 9

균형은 디자인 수행의 첫 번째 원리

9.1. 공과대학생도 디자인을 구사해야한다

디자인을 전공하지 않은 개발자들, 특히 공과대학생들에게 디자인 감각을 수용하게 하는 방법을 연구할 필요가 있습니다. 공대생들이 디자인 감각을 이해하게 되면 소비자들이 더욱 필요로 하는 것을 구상하는 능력, 즉 기획력이 향상 됩니다. 그리고 설계의 상품적 가치가 상승하는 효과가 있으며 이러한 융합 교육 과정을 학습하면 개개인의 경쟁력이 강화됩니다. 여기에서 논하는 감각이라는 것은 보편성을 갖는 미적가치로 제한합니다. 일반적으로 널리 통용되어 온 보편적 미의가치를 이해하고 적용할 수 있어야 함을 의미하며 이것은 축소된 협의의 개념이에요. 제 연구에서 대상으로 하는 개발자는 공과대학 재학생으로서 지능형 로봇과 사물인터넷제품을 설계하는 전공자들입니다. 이들이 설계하고 실험하는 개발 결과물은 결국 소비자가 구매하는 상품이죠. 그러므로 설계하는 기능에 적합한 입체 또는 평면 형태를 구성하는 능력이 필요합니다. 제시하는 형상이 '아름답지 못하다'는 의미는 '어디인가 불편해 보인다'는 뜻으로 해석할 수 있습니다. 해결 방법은 있습니다. '안정감이 있다' 라는 느낌을 부여하면 이것은 '무난하다' 또는 '아름답다' 로 전환될 수 있습니다. 위에서 언급한 안정감은 기본적인 디자인 원리를 이해하고 사례를 고찰하면 구사할 수 있는 능력입니다. 이 개념을 정리하면 표 9-1과 같습니다.

〈표 9-1〉 보여 지는 형상의 느낌 비교

디자인 원리가 배제된 형상	디자인 원리 이해	디자인 원리가 적용된 형상
'어색하다' '불편해 보인다' '아름답지 않다'	보편적이고 일반적인 디자인의 원리를 논리적으로 이해	'무난하다' '안정감이 있다' '아름답다'

상품을 기획하고 설계하는 과정에서 시제품을 만들어 실험하게 되는데 이 때, 디자인이 배제된 형상은 상품으로써 매우 투박하며 전혀 매력이 없는 형태를 갖는 경우가 대부분입니다. 이것은 기능 실험에 중점을 두기 때문에 발생하는 현상인데 여기에 디자인의 원리를 이해하고 최소한 일반적 안정감을 부여하는 형태를 구사하면 완제품에 접근하는 과정이 단축되겠지요. 종전에는 디자이너와의 협업을 통하여 이를 해결하였으나 엔지니어가 스스로 해결할 수 있는 상품군도 있습니다.[18]

18 외부형태의 조형성보다는 기능이 우선시되는 제품.

연구의 필요성이 디자인 감각을 형성하기 위함이라 하였으나, 로봇, 사물인터넷제품 설계를 목표로 설정하고 이를 구현하기 위한 디자인감각 교육으로 범위를 좁혀 제한하겠습니다. 크게 두 가지 목표에 접근하기 위함입니다.

첫 째, 제품의 하드웨어적 외부 형상

둘 째, 구동되는 소프트웨어적 화면의 구성

이 두 가지 설계 결과에 미적가치를 부여하기 위해서 제한된 접근을 함이 바람직하다 판단되었으며 이는 미적감성을 갖추기 위한 감성 교육보다는 논리적 접근을 수용하는 것이 보다 효율적이라 판단됩니다. 이번에는 첫 번째 목표인 하드웨어 외부형상에 보편적 미의가치를 부여하는 것을 더 중시하였습니다. 이를 위하여 디자인의 원리를 이해하는 것이 선행되어야 하며 곧 이 원리를 적용할 실습이 필요하죠. 디자인 원리는 실체를 형성하기 위하여 그것을 구성하는 요소들의 구성계획입니다. 그러므로 즉흥적인 발상에서 우연히 생성되는 것이 아니고 계획에 의하여 일정한 질서가 부여되는 법칙에 가깝습니다. 디자인의 원리는 다양하게 분류됩니다. 통일, 강조, 조화, 대비, 리듬, 반복, 균형, 비례, 대립, 착시 등이 그것입니다. 각각의 원리들은 독립적으로 표현되기 보다는 상호 유기적 관계 속에서 총체적으로 나타나는 경우가 많습니다. 여러 원리들 중에서 균형은 시각적이고 물리적 안정감을 부여한다는 의미에서 비 디자인 전공자들이 우선적으로 이해해야 할 개념으로 판단하였습니다. 안정적 균형감이 먼저 기반을 이룬 후, 추후에 다양한 변화와 기교들을 적용하는 것이 바람직해요. 따라서 여기에서는 균형(balance)의 개념을 중심으로 그 이해와 적용을 고찰하는 것으로 범위를 제한합니다. 그리고 균형을 보완하기 위하여 비례(proportion)와 조화(harmony)의 원리를 보조적으로 활용합니다.

9.2. 균형의 개념

시각적으로 부분 또는 전체의 힘(기운)이 평형을 이루고 있어서 안정감을 느끼게 되는 형상을 균형이라 합니다. 힘의 평형상태 즉 상하, 좌우, 대칭으로 시각적, 정서적 안정감을 갖게 되는 상태를 가리키며 크게 대칭(symmetry)과 비대칭(asymmetry)의 형태로 인식됩니다. 흔히 '균형이 잡혀 있다'는 상태는 자연스럽게 평형을 유지하고 있는 것을 말합니다. 대칭은 균형의 가장 정형적인 구성형식이며 중심선의 축이나 면으로부터 좌우 부분의 크기, 형태, 색 등이 균등하게 균형을 유지하고 있는 상태입니다. 정리하기 쉽고 구사하기에도 간단한 기본법칙이지만 변화가 없는 단조로움을 일으킬 수 있습니다. 비대칭은 형태상으로는 다소 불균형을 유지하지만 시각상의 힘의 정도에 의하여 균형이 잡히는 것을 말하며, 시각적으로 변화 있는 형태로서 개성적인 감정을 느끼게 하지요. 인간은 본성적으로 균형을 선호하지만 때로는 단조롭고 정지된 느낌에서 벗어나고자 의도적 불균형을 구성할 때가 있습니다. 비대칭이 가지고 있는 다양성은 매력과 흥미를 유발하기 때문입니다. 비대칭은 실제 중량이 나닌 시각적인 무게나 질감, 면적의 감각에서 균형의 원리를 설정할 수 있습니다.

〈표 9-2〉 시각적 무게의 느낌

	가벼운 느낌	무거운 느낌
형태	기하학적 규칙성이 있는 형태	불규칙한 유기적 형태
크기	면적이 작은 것	면적이 큰 것
질감	매끄러운 상태	거친 상태
패턴	단순한 것	복잡한 것
선	사선	수평선
색상	밝은 색	어두운 색

표 9-2는 시각적 무게효과를 정리하여 적용 가이드입니다. 균형을 결정짓는 요인은 무게와 관련된 사항들입니다. 거리에 있어서는 축으로부터 멀어질수록 무거워 보입니다. 크기에 있어서는 부피가 클수록 무거워 보이고요. 형태와 방향에 있어서 정적형태는 동적형태보다 무거워 보이고, 수직방향은 사선보다 더 무거워 보입니다. 경험에 있어서 사람은 물체의 무게를 인지하고 있으므로 매끄럽거나 부드러운 질감보다는 거친 질감을 더 무겁다고 인식합니다.

9.3. 비례와 균형의 고전적 개념

기술이 발달하고 미디어가 빠르게 진보하는 현대사회에서도 균형이라는 고전적 개념은 여전히 중요합니다. 거대 구조물을 건설하기 위하여 고대 이집트인들은 기하학을 개발하였고, 그리스인들은 비례를 만들었습니다. 수학적 원리에 근거한 균형미는 단지 시각적 안정감을 부여하기 위함이 아니에요. 수(數)라는 객관적 커뮤니케이션 수단을 통하여 설계를 진행해야 생산성이 높아지고 경제적 손실이 낮아지는 이유 때문이었습니다. 현대인들이 여전히 사각형으로 형성된 육면체라는 인공 공간 안에서 일하고 거주하는 것도 이와 같은 생산성 때문입니다. 그러므로 조화와 균형이 규칙성을 부여한 원리라는 것을 이해하면 안정적이고 보편적 미적가치를 구사하는 가능성을 높일 수 있습니다. 이 보편적 미의 가치를 이 연구에서는 '디자인 감각' 또는 '감성' 이라고 지칭합니다.

이집트인들은 매듭이 12개인 밧줄을 팽팽하게 당겨 삼각형 모양을 만들어 공간을 계측하였습니다. 이렇게 매듭이 있는 줄을 이용해 삼각형을 만드는 것은 건축사에서 획기적인 방법이었으며, 오늘날에도 디자인과 건축 양식의 기초를 이루는 토대를 제공하였습니다(그림 9-1).[19] 많은 건축가와 철학자들은 기하학적 형태인 원, 삼각형, 사각형이나 오각, 육각형 등의 기본형태의 아름다움을 언급하였습니다. 수학적으로 계산되어 이루어진 기하학 형태들은 합리적인 구조를 가지며 균형을 이루는 형상으로 인식되어 왔어요. 플라톤은 '순수 기하학적 형태들이 가장 큰 아름다움을 지니고 있다' 고 언급하였으며 20세기에 들어 건축가 르 코르비제(Le Corbusier)는 '기하학적 형태는 아름답고 훌륭하다. 우리가 명확하게 형태를 이해할 수 있기 때문이다' 고 하였습니다.

19 앰브로즈, 해리스, The Layout Book, p.12.

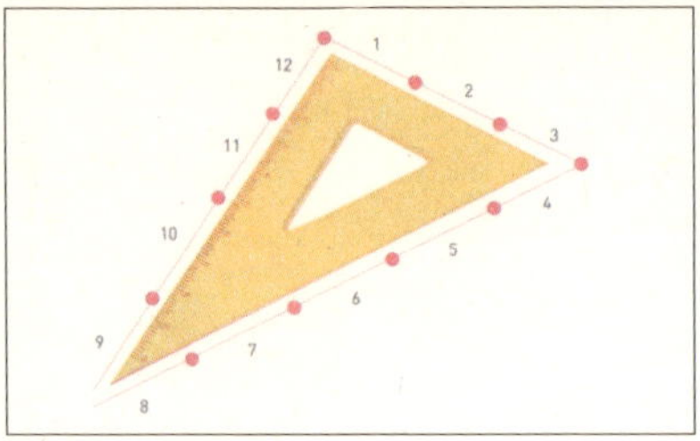

9-1. 삼각형

9-2. 파르테논 신전

이 언급은 균형의 아름다움이 수학적 비율과 관계가 있음을 시사합니다.

아테네에 소재한 파르테논 신전은 황금나선 비례에 따라 지어졌습니다. 이는 황금비(8:13)에 기초하지요. 시대를 초월하는 고전적이고 조화로운 황금비와 황금나선 비례는 현대에도 계속 사용됩니다(그림 9-2).[20] 우리는 황금비를 매일 보게 돼요, 표준 종이 규격이 황금비에 근거하기 때문입니다. 그리고 그림의 캠버스나 건축물에서도 황금비가 적용되고 있습니다. 좋다, 나쁘다 하는 느낌은 비례에 대한 경험적 인식과 밀접해요. 대부분의 신전이 파르테논의 비율을 참조함으로써 보편화되었고 이는 중세에서 근세의 르네상스 건축에도 영향을 끼칩니다. 시각적 친밀도가 높을수록 사람은 이상적 비례로 여기게 되며 그 반대의 경우에 시각적 낯설음으로 인식하죠.

20 앞의 책, p.13.

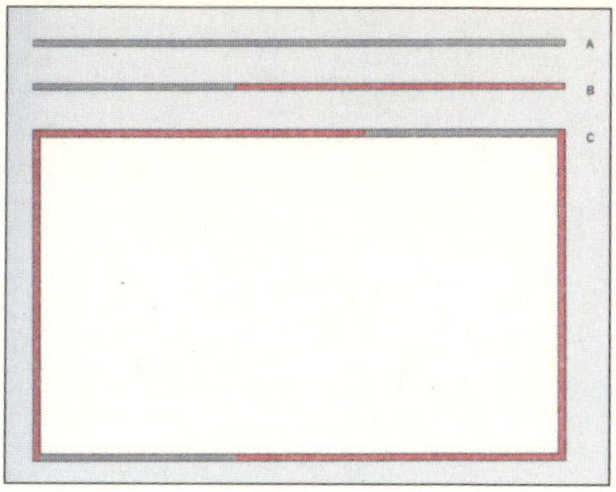

9-3. 황금 직사각형

9-4. 대칭, 비대칭 이원구조

간단한 수학 계산으로 황금분할을 만들 수 있습니다. 위의 그림과 같이 선을 하나 긋고(A) 이것을 8:13의 비로 나누고(B), 이 구획을 이용해 1:1.618의 비례가 적용되는 황금비 직사각형을 만들 수 있습니다.[21]

균형이란 디자인에서의 시각적 평형 상태를 가리키는 개념으로, 구성 안에서 서로 대립하는 요소들이 안정감 있게 조화될 때 만들어집니다. 대부분 잘 짜인 구도에서는 균형과 조화를 추구하기 위해 대칭 또는 비대칭 균형을 사용합니다. 3차원 물체는 균형이 맞지 않으면 쓰러지게 되므로 균형을 이해하기 쉬우나, 2차원 구성에서 균형 잡힌 구도를 만들려면 평면 위에서 안정감을 부여할 수 있는 감각이 필요합니다. 대칭균형(symmetrical balance)이란 중앙축을 중심으로 양쪽 구성 요소의 무게가 같은(또는 비슷한) 상태를 의미합니다. 레오나르도 다빈치의 '모나리자'는 대칭인 동시에 비대칭 구조입니다[그림 9-4].

21 앞의 책, p.39.

중앙축이 여인의 왼쪽 눈을 지나며 손 위치는 화면 왼쪽이어서 비대칭입니다. 그러나 관람자 쪽을 향한 주인공의 몸체는 대칭 형태를 이룹니다. 머리가 화면 중앙에 놓임으로써 배경이 대칭을 이루고 균형 잡힌 구성이 되는 것이죠.

이와 같은 화면 분할 구도는 근세 이후 많이 사용되었습니다. 밑의 그림 9-5의 면 분할 화면 중 얼굴이 놓인 고밀도 구역이 나머지 3/4의 저밀도 구역을 상쇄하는 비대칭 균형 구도입니다.

9-5. 제임스 애벗 맥닐 휘슬러의 자화상(1872)

9.4. 안정적 균형의 현대적 적용

대칭은 대부분의 사람들 눈에 규칙성이 부여된 형상으로 인식되기 때문에 많은 경우 안정감이 있으며 아름답다고 느끼게 됩니다. 따라서 건축물이나 가전제품에 자주 적용되고 있습니다. 그림 9-6과 같이 화면 전체를 중앙정렬로 하고 좌우에 적절한 여백을 두면 안정감 있는 대칭구도를 구현할 수 있습니다. 또 그림과 같이 피사체를 화면 가득히 일렬로 배치하고 언어정보를 하단에 넣어 안정적 균형을 구사하기도 합니다.

9-6. 대칭의 안정감

9-7. 안정적 균형

9-8. 사진작가 마르틴 벳세마의 작품집 '사냥개'의 펼침쪽

그림 9-7은 물체의 크기를 동일하게 배치하고 일렬로 두어 화면의 좌우 대칭을 안정적으로 구성한 사례입니다. 이 포스터의 영화는 내용상, 주인공인 주연과 조연의 구분이 명확하지 않고 등장인물들의 역할이 비교적 균등한 스토리를 갖고 있습니다. 그러므로 이러한 구도가 상품의 속성과 보이는 외형(포스터)이 일치하는 효과를 전달합니다.

비대칭 균형(asymmetrical balance)은 시각적 무게가 다른 구성 요소를 배치하면서도 서로 균형을 이루어 안정감 있게 보이도록 만들어야 하는 고난이도 기법입니다. 위의 그림 9-8은 사진이 오른쪽에 있고 거의 비어 있는 왼쪽에 텍스트가 배치되어 있습니다. 독자의 시선은 오른쪽을 거쳐 왼쪽에 있는 두 줄의 텍스트에 집중하며 머무르게 되므로 이미지의 무게와 시선이 좌측에 오래 머무는 시간의 균형을 이루게 됩니다.

스코틀랜드 초컬릿 제조업체 쇼콜라는 알루미늄으로 제조된 원기둥 형태의 케이스를 사용합니다. 빛을 반사시키는 재질을 보여 주면서 그와 반대로 차분한 저채도 색상, 특히 무광택의 라벨을 조화시켜 비대칭의 안정감을 유지합니다.

9-9. 쇼콜라 초컬렛 패키지

그림 9-10은 여백을 크게 두어 타이포그래피(서체 디자인)에 시선을 집중시키기 위한 의도에서 비대칭균형을 사용한 사례입니다. 텍스트가 균등하게 화면을 채운 경우보다 더욱 강하게 시선을 집중시키고 기억에 더 오래 남게 하는 효과가 있습니다.

9-10. 비대칭 화면의 타이포그래피

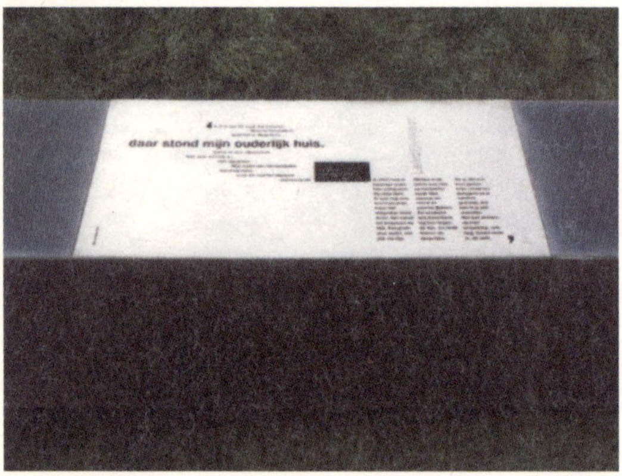

9-11. 타이포그래피가 적용된 벤치[22]

22 앞의 책, p.129.

그림 9-11은 런던 화이트 스페이스 갤러리 전시회를 위하여 제작된 벤치입니다. 그림 9-10의 디자인스튜디오 파이드 헤르버/데 브링어르의 타이포그래피가 옥외의자에 그대로 적용되었습니다.

균형은 전체로서 조화(harmony)를 유지하고 있는 상태를 의미합니다. 여기에서 조화는 두 개 이상의 형상이 공통성 또는 이질성을 가지고 함께 있을 때, 아름다움이 성립되는 상태를 말합니다.

공통성이 반복되는 형태는 완전한 조화를 이루지만 단조로움을 느끼게 합니다. 따라서 좋은 조화의 상태는 요소 상호간에 공통성이 있으면서 비대칭 대비에 의한 차이를 배치했을 때 이루어집니다.

조화는 두 가지 이상의 형태, 크기, 방향, 색채 등의 요소들이 서로 비슷한 가운데 이루어지므로 통일성으로 이어져요.

반면에 대비(contrast)는 그 구성 요소들의 차이가 있어 이것이 커지면 갈등을 일으켜 대립을 일으켜 서로 배척하고 분리되어 부조화의 상태를 이룹니다.

그러므로 이 요소들을 적절하게 조절하는 원리는 균형으로부터 옵니다. 매우 유사한 것들을 모아 형상을 설계하면 안정감은 있으되, 지루하고 권위적이며 정적으로 보이게 되죠. 한편, 차이가 크게 나는 요인들을 모아두면 긴장감이 커지고 불안해집니다. 이 차이를 조절하고 판단하여 배치하는 것이 균형이며 최적의 상태가 조화입니다. 조화는 전체적으로 질서를 가져오는 역할을 합니다. 원래 유사한 요소가 서로 긴밀한 관계를 맺고 부드러운 효과를 나타낼 때 조화라고 합니다. 이것은 친화적이고 어울리기는 하지만 반면에 활기가 부족하게 느껴집니다.

9.5. 균형원리 적용사례 분석

본 장에서는 균형의 적용사례들을 살펴보겠습니다. 여섯 개의 사례를 완전대칭의 균형으로부터 비대칭적 요소로 변화를 주는 순서에 준하여 고찰하였습니다. 대칭 균형은 시각적 힘의 원리와 상관성이 있습니다. 힘의 평형에는 양측의 무게가 동일하여 무게 중심이 정중앙에 위치하는 경우가 있고, 양측 무게는 다소 다르지만 중심의 이동에 의해 평형을 이루는 경우가 있습니다. 대칭적 균형은 권력과 질서를 상징하는 권위적 건물이나 기념건축, 신전이나 교회와 같은 종교건축에 많이 사용됩니다. 그림 9-12 의 광화문은 출입구 세 개의 무게중심이 정중앙에 위치하고 지붕의 꼭지점 두 개가 좌우에서 평형을 이루는 형태입니다. 완전대칭 구조물은 건물 정면의 이등분 지점에 중심축과 저층부에는 출입구가 명확하게 존재하여 그 기능성을 부각시킵니다.

그림 9-13은 삼성전자 휴대폰 Galaxy S3 모델입니다. 역시 완전대칭을 이루고 있으며 제품 하단의 버튼에 시선이 머무르게 유도합니다. 특이한 점은 외관 선들이 직선이 아닌 미세한 곡선으로 설계가 된 점입니다. 손에 쥐는 그립감을 부드럽게 하기 위한 물리적 기능 및 눈으로 보는 시각적 안정감을 곡선에서 찾기 위한 시도입니다. 측면 수직방향의 선 역시 곡률이 매우 큰 곡선인데 거의 직선으로 보이지만 잠재적으로는 부드러운 느낌을 부여 받게 됩니다. 이 같은 설계기법을 승용차에서는 사용해온지 오래 되었습니다.

다음 그림은 LG전자에서 제조한 스탠드형 에어컨입니다. 상단의

9-12. 광화문

9-13. 삼성전자 휴대폰

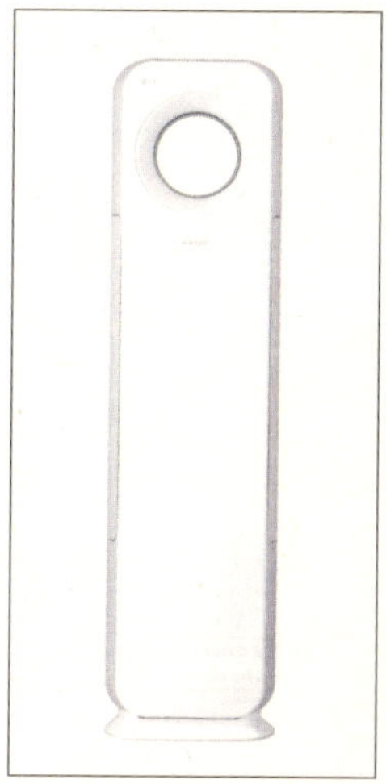

9-14. LG전자 에어컨

원형은 차가운 공기의 토출부입니다. 정중앙에 위치시켜 상하 대칭을 형성하지 않고 원형을 상단에 두어 바람이 향하는 높이를 기능적으로 해결하였습니다. 시각적으로는 상단이라는 한 쪽 방향으로 형상이 몰려 있으면 주목성이 높아지는데, 이 역시 그 위치로부터 바람이 토출된다는 물리적 기능을 시각적으로 감지시키기 위해서입니다. 야간에는 원형부분에 조명을 발생시켜 무드 조명기기 역할을 병행하므로 역시 중요한 기능을 수행한다는 의도를 시각적으로 유도하기 위한 비대칭 설계입니다(그림 9-14).

다음 그림은 거실 인테리어로서 제품 및 가구의 전형적이며 보편적인 배치 상황을 보여줍니다.[23] 한국인의 주거 거실 환경은 대부분 텔레비전 모니터가 중앙에 위치합니다. 하단의 거실장은 텔레비전과 함께 좌우대칭구도를 이루고 있어 안정감을 유도하는 배치이죠. 그러나 완전대칭이 지루함과 권위성을 발생시킬 수 있으므로 주거공간의 안락함을 유지하고자 변화들을 시도했어요. 비대칭적 요소들인 좌측 상단의 액자, 좌측의 스피커, 거실장 위에 놓여 있는 그릇 등이 비대칭적 배치입니다(그림 9-15).

그림 9-16은 흔히 보는 익숙한 펜입니다.[24] 상하방향으로는 완전 대칭 형태입니다. 그러나 손가락을 거치하여 펜을 잡는 부분은 좌측 방향으로 위치하여 비대칭을 이루고 있습니다. 펜을 걸 수 있는 부품과 심이 나오도록 조절하는 버튼은 오른쪽에 위치하고 있습니다. 이 사안들은 기능상 필요한 것이므로 설계에서 당연시 되는 부분이지요.

23 ㈜대명에이티엠, AV 거실장 AV TV 스탠드.
24 LAMY accent, Phoenix Product Design.

9-15. 거실 인테리어

9-16. 필기구

여기에서는 손가락이 거치되는 부분을 주목할 필요가 있습니다. 색상, 재질이나 볼륨감을 더 하는 등 다양한 변화를 시도하여 펜의 상품가치를 높이려고 노력한 흔적들이 보입니다. 비대칭 형태에서 어느 한 가지 요소를 특별히 주목하도록 의도 되어 있어요. 그 요소가 구매력을 발생시키는 시각적 기능을 수행할 때, 이러한 시도를 하게 됩니다.

기하학적 그리드라는 질서를 부여하면 대단히 큰 균형감성과 함께 안정감을 가져옵니다. 그리고 동일한 유닛의 반복적인 구성은 제조비용을 크게 감소시키는 역할을 하여 생산성을 높입니다. 그러나 역시 반복되는 형태에서 오는 지루함도 강하지요. 이 단점을 극복하고자 별도 부품을 설계, 제공하여 사용자가 스스로 변화를 만들 수 있는 칸막이들이 비대칭적으로 추가된 사례입니다(그림 9-17).

9-17. 벽걸이형 수납가구

9.6. 실습강좌에서의 진행사례

공학전공생들로 구성된 강좌에서 디자인의 원리를 경험하는 실습을 진행하였습니다.

2017년 1학기, 주당 3시간 실습강좌로 개설되었습니다. 세 단계로 진행되었는데, 수강생들은 디자인의 원리를 학습하였습니다. 그리고 개념을 형상화하기 위하여 종이를 사용한 다각형(polygon) 조형연습을 수행하였습니다. 마지막 단계에서는 상품을 개발할 때 연습한 내용을 적용할 수 있는 실습을 시행하였지요. 개발 상품은 조명기기로 범위를 제한하였고 기획을 거쳐 형태를 연습하는 과정에서 균형의 원리를 실험하였습니다.

4주간 진행된 조명 프로젝트의 결과물은 완성품을 예측할 수 있는 목업(mock up)상태로 종료되었습니다. 재료는 수정과 재구성이 용이한 종이, 폼보드, 골판지 등을 사용하여 형태의 조형연습에 중점을 두었습니다. 그리고 전구를 장착하여 빛의 효과를 측정하는 것으로 마무리 하였습니다. 다음의 사례들은 앞 장에서 언급한 원리들을 적용하여 실험한 조명디자인입니다.

수직면을 구성하고 종이규격 사이즈의 황금비율로 비례를 형성하여 안정감을 시도하였습니다. 내부를 개방하면 반투명 용지로 제작한 전구 덮개가 빛을 방출합니다. 이 때 전구덮개 커버에 '반복적 깊이'를 시도하여 반복적인 강조와 수직적 긴장감을 유도하였습니다. 단조롭고 지루한 구도에 변화를 주어 조화를 이루기 위한 의도입니다(그림 9-18).

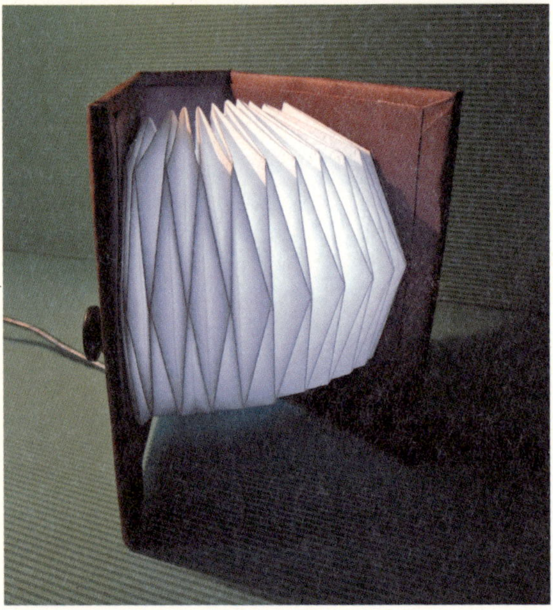

9-18. 수직면에서 반복적 깊이로의 전환, 윤아라

그림 9-19는 수직면이 주는 안정감과 좌우대칭의 균형을 형상화한 조명기기입니다. 650mm높이에 다섯 개의 LED전구를 장착하여 큰 스케일에서 오는 면적대비효과를 실험하였습니다.

그림 9-20은 선의교차로 보이는 그리드형태를 적용한 사례입니다. 반복적 형태로 발생하는 지루함을 상단의 면적으로 대비시켜 조화의 조성을 시도했습니다. 이 과정은 공학도들이 스스로 기획한 개발상품을 디자인할 수 있는 능력을 배양하는 것이 중요합니다. 따라서 미술을 기반으로 하는 디자인교육과는 차별되도록 운영하였습니다. 논리적으로 접근을 하고 생산성을 고려하여 기획하도록 유도하는 것이 관건이지요. 반대급부로서의 감각, 감성 배양과정은 최소화하여 공대생들의 자질을 크게 혼란스럽게 하지 않는 범위에서 디자인 능력을 발휘하도록 하는 점을 명확하게 수업설계에 반영해야 좋습니다.

9-19. 수직면의 균형 실습, 기영채

9–20. 선의교차와 균형 실습, 이애영

9.7. 시각적 보편성을 지닌 대칭균형

사람은 균형이 잡혀 있는 형태를 볼 때, 시각적 안정감을 느낍니다. 이것은 다음과 같은 논리적 근거에서 이유를 찾을 수 있습니다.

첫 째, 생물인 동식물의 대부분이 좌우대칭의 형상을 취하고 있습니다. 여기에는 인간의 형상도 포함됩니다. 그러므로 사람은 대칭적 균형감에 익숙한 시각적 경험을 축적하며 생활합니다. 반대로 균형이 맞지 않는 형상을 보면 조금 불편하게 여겨지는 느낌이 옵니다. 삶 속에서 익숙하게 보던 좌우대칭의 시각적 경험 때문이죠.

둘 째, 대칭 형태는 설계 및 생산에 매우 유리합니다. 대칭이 아닌 형태와 비교할 때, 좌우 또는 상하 대칭형은 설계의 속도가 빠르게 진행되며 제조 과정 역시 빠르게 진행됩니다. 대칭이 가지고 있는 규칙의 속성 때문에 복잡한 형태도 일정한 규칙이 반복되면 설계는 단순해지는 유리함이 작용합니다. 시간을 감축한다는 것은 경비의 절감과 밀접하므로 투자비용의 절감 및 가격경쟁력의 우위를 점할 수 있습니다. 이렇듯 경제적 가치 상승은 균형 잡힌 형태로부터 올 가능성이 높기 때문에 대량생산을 기반으로 하는 현대 산업 생산품의 많은 수가 대칭 형태를 가지고 있는 것입니다.

세 째, 물리적 지속성으로 인하여 대칭균형이 가장 많이 적용됩니다. 대칭이란 힘의 원리로 볼 때 양쪽의 무게가 같아서 어느 한 쪽으로 쏠리지 않는 평형상태를 말합니다. 이 평형상태가 정확할수록 건축물은 오랜 세월 붕괴되지 않고 유지됩니다. 따라서 대부분의 문화권에서 대형 건물에는 대칭균형을 적용하여 건축을 해 왔습니다.

이러한 건축 조형물을 보아온 사람의 감성 역시 이 보편성에서 익숙한 안정감, 그리고 아름다움의 기준을 형성합니다.

9.8. 보편적 미의식을 반영하는 다각형 구현연습

다각형(polygon) 형태는 대칭균형을 이루고 있는 형상이며 기하학의 일부입니다. 앞에서 언급한 평형상태를 유지하고 있으며 복잡해 보이는 다각형의 집합들도 일정한 규칙성을 가지고 있기에 제조가 용이합니다. 다면체를 반복적으로 결합하는 연습을 통하여 조형적 감각을 배양하는 경험을 수행했습니다.

균형이 제공하는 안정감은 널리 인식되고 있는 미의식의 보편성 중 하나라고 판단됩니다. 균형의 안정감이 기하학적 형태로 제시된 다각형을 사용하여 조형연습을 시행하였습니다. 구현 과정에 복잡한 기교나 고난이도의 미적 구사능력이 필요하지 않으므로 짧은 시간의 학습경험을 통하여 설계 할 수 있습니다.

다음 세 그림들은 학생들이 다각형을 사용하여 형태를 구현한 조명기기입니다.

시행한 실습을 서론에 기재한 교육목표와 연계해 보면 소정의 성과와 함께 미흡한 부분도 발견되었습니다. 학습자들에게 디자인이란 감성적 접근법만 있는 것이 아니고 원리와 질서가 존재하는 개념, 즉 방법론이 있음을 이해시켰습니다. 추상적 조형연습을 피하고 구체적 용도를 갖고 있는 제품에 디자인원리를 적용하게 하여 학습동기부여

9-21. 삼각형, 육각형 및 점을 사용한 균형 실습, 박종연

9-22. 삼각형으로 형성한 다면체 균형 실습, 채수현

9-23. 복합 다면체의 균형 실습, 안규황

를 고취시키는 성과가 있었습니다.

반면에 객관적 평가기준을 설정하여 학습자들을 납득시키는 부분은 향후 보완이 필요함을 알게 되었습니다. 수치로 환산된 정량적 평가기준에 익숙한 학습자들은 정답, 오답의 개념이 없는 디자인 강좌에서 자신의 능력이 상대적으로 어느 정도 수준에 위치해 있는지 파악하기 어려워합니다.

정성적 역량이 고려되는 디자인강좌에서 계측되는 평가방법을 고안하는 것이 난제이지만 장차 필요한 요소라는 점을 인식하였습니다.

9.9. 기획과 설계자의 디자인 능력 함양

공과대학생들을 대상으로 하는 디자인교육은 미술을 기반으로 하는 디자인교육과는 차별성을 지닌 새로운 수업설계로 시행되어야 합니다. 논리적인 접근에 의하여 비 디자인전공자들이 가지고 있는 사고력을 긍정적으로 반영하는 부분이 중요합니다. 이를 통하여 과거에 디자이너, 엔지니어가 각각 분리되어 수행하던 업무를 융합하여 종합적 개발 능력을 갖추는 목표를 추구합니다. 디자인과 IT 기술의 융합은 제품 및 서비스에 핵심적인 가치를 부여하고 창의적인 아이디어의 구현을 기대하게 하지요. 따라서 적정 수준의 최적화된 디자인 능력을 갖춘 IT 엔지니어를 양성하는 교육 프로그램을 계속 진행하고자 합니다.

감성의 영역인 디자인과 이성의 영역인 공학 분야의 융합교육은 제품 및 서비스의 아이디어 창출, 기획에서 시작하여 설계 및 제작의 모든 단계를 원활하게 수행할 수 있는 능력을 갖춘 창의적 인재의 양성을 추구하고요. 그러나 연구의 내용이 반드시 공학도만을 위한 교육과정으로 제한되지는 않습니다. 상품을 기획하고 제조하는 일에 종사하는 분야, 예를 들어 경영, 마케팅 관련자에게도 구상하고 있는 기획안을 형상화하는 방법으로 유효합니다. 이러한 과정에서 논리와 감성의 양자를 합리적으로 구사하는 인재들은 다음과 같은 경쟁력을 갖게됩니다.

첫 째, 개발사 관점에서 볼 때, 이러한 인재 채용 시 비용과 시간을 단축할 수 있습니다.

둘 째, 소규모 창업 시 시장성 접근 및 제조에 우위를 확보할 수 있습니다.

그리고 산업 수요를 바탕으로 핵심역량과 실무 능력을 갖춘 인재 양성은 졸업과 동시에 산업 현장에서 필요한 고급 인력수요를 제공할 수 있는 장점이 있습니다. 현대의 기술 발전 속도와 정보량의 확대는 해가 갈수록 증가하고 있습니다. 전통적인 교육과 학습 방식으로는 새로운 기술 환경에 대응하기 어려운 점이 많습니다. 지식과 기술의 공개와 공유는 급변하는 기술 환경에 효과적으로 대응 할 수 있는 방법이지요. 디자인을 전문적으로 다루지 않는 설계자 또는 기획자들도 자신의 설계나 기획안을 시각적 형상으로 전환시켜야 할 상황이 종종 있습니다. 이러한 상황에서 기초 경험으로도 가능성을 기대할 수 있으며 이는 감성이나 감각훈련을 오랜 시간투자하지 않아도 보편적 아름다움을 구성하는 것이 가능합니다. 디자인의 가장 기본이 되는 균형을 역시 디자인의 중요한 원리인 비례, 조화와 함께 섞어 형상화시키는 경험을 갖는 것으로도 성과를 낼 수 있다고 생각합니다. 그러므로 디자인을 전공하지 않은 상품 개발자들도 일정한 법칙에 준하는 제한적 디자인을 활용하여 개발과정에 응용하는 것을 기대합니다.

나눔 10

다수를 만족시키는 공통 요소

10.1. 다수를 만족시키는 공통 요소

정치인 안철수는 과거에 의사를 그만두고 컴퓨터 백신을 개발하는 벤처사업을 시작했습니다. 그리고 그 백신들을 무료로 배포했죠. 당시는 바이러스가 데이터를 망가뜨리고 기업의 정보를 훔쳐 가려는 해커들이 발생하던 시점이라서 피로감이 높아지고 있었습니다. 사업가 안철수가 나누어 주는 백신은 참 고마운 것이었고 이를 통해 안랩, 안철수 연구소의 인기가 크게 상승했습니다. 이런 자선(?)을 베푸는 것이 어떻게 이윤으로 돌아올까요? 연구소에 보안시스템 구축을 의뢰하는 기업들이 늘어나고 안랩의 주식이 상승하면서 자산가치가 높아졌습니다. 나눔의 선순환입니다.

요식업을 하는 백종원은 방송에 출연하여 자신의 방법을 가르쳐 줍니다. 이 기법도 이를테면 콘텐츠이자 노하우인데도 이해하기 쉽게 전환하여 무료로 알려주는 사람입니다. 그는 손이 많이 가는 어려운 요리를 알려 주지 않습니다. 흔한 재료로 간편하게 만들어 먹을 수 있는 찌개 같은 일상의 음식 기법을 쉽게 전수합니다. 그래서 소위 '집

밥' 이라는 용어로 알려지게 됩니다. 이것이 백종원씨가 다른 요리 전문가들과 차별되는 특성인데요, 역시 인기가 상승하면서 고마운 사람으로 인식되지요. 그리고 그의 사업이 더욱 번창합니다. 방송 출연 전에도 자산가였는데, 이후에는 더욱 큰 자산가가 되어 갑니다.

사례로 말씀드린 두 사람은 시대의 흐름을 잘 포착하고 사회 구성원의 라이프스타일을 통찰력 있게 이해하는 경영자들입니다. 특히 가치관의 변화를 진단하고, 다수가 필요로 하는 것을 과감하게 나누는(다른 말로 표현하여, 투자하는) 직관력 있는 사업가들이라고 저는 생각합니다.

라이프스타일(life-style)은 사람들이 환경과 상호작용하여 살아가는 생활방식을 말합니다. 여기에는 생각과 가치관도 포함됩니다. 라이프스타일 분석에 주목해야 하는 이유는 다음과 같습니다.

'유사한 생활양식과 가치, 생활구조와 행동패턴을 공유하는 집단을 묶어 라이프스타일을 유형화함으로써, 각 집단별 생활요구를 파악하고 사회 문화를 설명하여 미래를 예측할 수 있기 때문이다'

우리가 현재 기획하는 것은 미래시점에 소비자에게 평가 받게 됩니다. 그러므로 가까운 미래를 예측하는 능력이 개발자에게 필요하다는 점은 당연해요. 라이프스타일은 소비자의 욕구에 영향을 미치는 중요한 요인이며, 소비자의 구매, 소비, 사용행동에 반영되는 특성이 있습니다. 그래서 소비자의 라이프스타일 분석은 기업의 중요한 기획 근거로 사용 됩니다. 이를테면 인구통계학적으로 동일한 소득수준의 소비자 집단일지라도 취미활동, 주요 관심분야 그리고 평소에 가지고 있는 소신, 가치관 등에 의해 제품의 구매행동이 달라질 수 있어요.

라이프스타일을 분석하는 방법은 아주 많습니다. 기업에서는 마케팅 담당자들의 주요 업무 중 하나이며, 리서치기관에 아웃소싱 의뢰를 하기도 합니다. 그러나 청년창업자에게는 인력도, 자금도 부족하므로 자신만의 분석기법을 만들고 활용하는 것이 최선입니다. 제가 사용하는 방법을 기재해 보겠습니다. 참조가 되면 좋겠어요.

첫 째, 사회의 큰 흐름을 파악하여 맥락을 이해하는 것부터 해야지요. 규모 있고 세밀한 분석은 저도 못합니다. 매 일의 보도 자료들 중, 경제 및 산업 동향을 읽습니다. 매일 반복하면 소제목들만 보아도 대략의 상황은 알 수 있습니다. 그리고 경제 전문가의 논설도 읽으려고 합니다. 나의 생각과 유사하기도 하고 다르기도 하지만 방향은 짚을 수 있습니다.

둘 째, 문화도 파악하는 것이 좋습니다. 일단 사람들이 크게 호응하는 현상들부터 주시합니다. 가령, 개봉 후 단시일에 수 백 만 명이 관람하는 영화는 저도 봅니다. 그 영화가 제 취향이 맞지 않으면 영화평론이라도 찾아서 읽습니다. 그리고 시청률이 20% 안팎의 인기드라마도 보려고 시간을 만듭니다. 이렇게 반응이 큰 영상물에는 당연히 공감을 형성하는 요소가 있기 마련이지요. 그 요소가 무엇인지 파악하여 사람들의 생각을 이해하는 단서로 기억해 둡니다. 그리고 연예전문기자나 문화평론가가 평론한 글을 찾아서 읽습니다. 나의 생각과 일치도가 높아지고 있으면 스스로의 분석을 신뢰해도 좋습니다.

세 째, 현재 시점의 사람들이 갖고 있는 생각과 살아가는 현상을 기술한 글들을 눈 여겨 봅니다. 사실 이 부분이 라이프스타일이자 트렌드라는 경향이니까요.

그 후에 세 가지 요소들을 교차시키면서 종합하고 잠정적 결론을 내립니다.

그러면 2017년 11월 현재에 제가 관심을 갖고 살핀 요소들을 가지고 논의를 해 보겠습니다.

1) 경제와 산업동향에서 눈에 들어오는 것은 청년들의 스타트업 지속성이 낮다는 기사들입니다. 대통령 직속 청년위원회 발표 자료를 보면 스타트업 종사 2년 이내 이직률이 51.6%입니다. 창업 후 2년을 지속하지 못하고 폐업을 하는 경우가 절반이 넘습니다. 그리고 청년실업률 이 지난 18년 만에 최고치를 기록했습니다. 체감되는 실업률이 정말 나쁜 상황이에요.

2) 영화진흥위원회는 남한산성의 관객 수가 385만 명이라고 집계했습니다. 이 영화는 착잡한 여운이 길어요. 청나라와의 전쟁으로 어려운 선택의 기로에 처했던 조선이 현재의 한반도 상황과 겹쳐 보입니다. 북한의 핵개발과 한반도 주변 강대국 사이의 마찰이 고조되는 현재, 우리는 어떠한 자세를 가다듬고 추진해야 하는지 풀어야 할 문제입니다.

3) 1번과 2번의 현상은 욜로(yolo)와 상호 연관성이 있습니다. 욜로는 You Only Live Once의 약자입니다. 한 번 뿐인 인생 소중하게 생각하자, 순간에 충실하자, 즐거운 소비를 하자 등의 사고방식과 소비패턴을 보입니다. 그리고 자기주도적 투자와 경험의 폭과 깊이를 더 하려는 시도가 커져갑니다. 20~30대 성인남녀 830명 설문조사 결과, 84.1%가 욜로를 긍정적으로 생각한다고 응답했습니다.(자료출처 : 사람인, 2017.10) 이 현상을 서울대학교 소비자학과 김난도 교수는 다음과 같이 평합니다. '욜로는 저성장 시대에서 불안한 미래에 투자하기보다 현재에 집중하는 현상이다'(트렌드 코리아 2017)'

1,2,3번을 종합해봅니다. 많은 난제들이 있고 미래가 불안해도 현재를 즐기자는 무책임한 현상이라 보이지 않습니다. 오히려 현재의 오늘을 소중하게 운영하자는 적극적 의지가 청년들에게 더 강하다고 판단됩니다. 이 현상은 오랜 기간 동안 이어질 것으로 생각되며 다음과 같은 삶의 변화로 진행될 것입니다.

〈표 10-1〉 목표와 가치관

지위, 위신	경험, 많은 자질
사회적 차별화	개인적 안녕
경쟁의 우위	내면의 성장
물신숭배	서비스와 체험의 품질
좀 더 많은 돈	좀 더 많은 시간

표 10-1의 좌측 기둥은 20세기 산업화시대에 사람들이 추구했던 보편적 가치입니다. 다수가 가난하여 빈곤을 탈출하고자 하는 사회에서 자연스럽게 발생하는 욕구들입니다. 한국사회도 이러한 욕구를 실현하고자 필사적 노력으로 경제성장을 하였습니다. 그러나 오늘날의 가치관은 빠르게 변해 가고 있습니다. 우측에 나열된 용어들이 21세기 사람들이 추구하는 욕구입니다. 물론 좌측의 가치관도 유지는 됩니다만 그 후유증이 무엇이라는 것도, 피로감이 얼마나 큰지도 알고 있는 상황입니다. 육체적, 정신적 건강에 관한 욕구, 정체성, 자존감, 친환경에 관한 관심, 참여와 경험, 갑을 관계 논쟁, 건전한 기업문화를 구축한 소규모 벤처 및 일인 스타트업 창업에 관한 관심 증대 등은

하나의 맥락에서 이루어지는 방향성을 갖고 있습니다. 부정할 수 없는 일관 목표를 추구합니다. 이러한 사회트렌드를 판단하고 적용하는 경영과 창의적 아이템들은 여러 가능성을 보여 주고 있습니다.

혁신적 경영과 창의적 상품을 기획하고자 하는 경영자에게는 우측의 가치관들을 깊이 있게 다루어 상품에 담아야 할 필요가 있습니다.

2011년에 대한상공회의소가 소비자 509명을 대상으로 실시한 '윤리적 소비에 대한 소비자 인식조사' 결과, 한국인 소비자의 72.9%가 '착한 상품'을 구매하겠다는 의사를 밝혔습니다. 가치관이 변해 가고 있음을 알 수 있습니다.

기부와 상품을 결합한 참신한 아이디어의 '착한 상품'을 통해 윤리적 소비를 촉진시키는 사례가 있습니다. 이렇게 히트한 기부상품은 중저가이며, '쉽고 부담스럽지 않다'는 특징을 가지고 있습니다.

'하나 구입 시, 또 하나는 기부' 되는 이러한 유형의 상품 중 가장 유명한 것은 브레이크 마이코스키가 개발한 '탐스슈즈(TOMS Shoes)'입니다. 참 대범한 역발상의 사업입니다. 하나를 사면 하나를 더 준다는 One plus One(1+1) 마케팅에 익숙한 사람들에게 정 반대로 두 개 값을 내고 하나만 가져가라는 영업을 합니다.

2006년 아르헨티나를 여행하던 마이코스키는 신발이 없어 다치고 병든 아이들을 만나고 충격을 받았습니다. 빈곤해서 아이들이 맨발로 뛰어 다니는 마을들을 지나게 되었는데 비포장 길에서 생활하는 아이들은 대부분 발에 타박상을 지니고 있었습니다. 뛰어난 직관력을 갖고 있던 마이코스키는 사업구상을 하게 되고 탐스슈즈를 만들었습니다.

10-1. 탐스슈즈는 신발이 한 켤레 판매될 때마다 빈민국 어린이들에게 같은 한 켤레를 기부한다.

TOMS

10-2. 탐스슈즈 로고(logo)

소비자가 좋은 사업취지를 이해하고 구입할 때마다 같은 신발을 어린이들에게 기부한다는 사업방향은 언론에서 크게 보도 되었고, 소비자들의 반응도 매우 좋았습니다. 아르헨티나의 전통신발의 특성을 가미한 탐스슈즈는 로고도 아르헨티나 국기에서 모티브를 가져 왔습니다. 2006년 창업한 첫 해에 1만 켤레를 기부한 탐스슈즈는 2012년까지 200만 명의 어린이들에게 신발을 선물했습니다. 오준석 숙명여대 경영학과 교수는 "소비자가 자연스럽게 기부에 참여할 수 있도록 돕는 공익 마케팅은 기부 문화를 성숙 시킨다"면서 "한국 공익 마케팅은 아직 초기 단계이기 때문에, 기업과 소비자의 요구를 반영한 '착하고 똑똑한' 상품이 지속적으로 소개될 필요가 크다"고 말합니다.

친환경 11

성숙한 사회의 지속가능성

11.1. 성숙한 사회의 지속가능성

제한된 시장에서 점유율을 높이려는 확장시도는 소모적이고 후유증을 유발합니다. 앞으로 만들어지는 새로운 시장은 광역화되고 참여와 이윤을 나누는 형식으로 가야 합니다. 공유경제[25], 적정기술(appropriate technology)[26]과 같이 자원과 에너지를 절약하고 소모적 낭비를 제한하는 방향으로 가야 합니다. 그러나 인간의 삶은 경세적 이윤 발생으로부터 자유롭지 않습니다. 그러므로 수익을 추구하되 공감이 되는 가치관도 경영에 담아야 합니다. 이것이 형성되었을 때 지속

25 한 번 생산된 제품을 여럿이 공유해 쓰는 협업 소비를 기본으로 한 경제를 의미한다. 쉽게 말해 "나눠 쓰기"란 뜻으로 자동차, 빈방, 책 등 활용도가 떨어지는 물건이나 부동산을 다른 사람들과 함께 공유함으로써 자원활용을 극대화하는 경제 활동이다. 소유자 입장에서는 효율을 높이고, 구매자는 싼 값에 이용할 수 있게 하는 소비형태이다. 출처 : 한경 경제용어사전, 한국경제신문/한경닷컴

26 그 기술이 사용되는 사회 공동체의 정치적, 문화적, 환경적 조건을 고려해 해당 지역에서 지속적인 생산과 소비가 가능하도록 만들어진 기술로, 인간의 삶의 질을 궁극적으로 향상시킬 수 있는 기술을 말한다. 지금까지 수많은 적정기술이 개발되어 왔다. 대표적인 적정기술 제품으로는 라이프스트로(LifeStraw)와 같은 구호 제품, 수동식 물 공급펌프(Super MoneyMaker Pump)와 같은 농업 관련 기술,OLPC(One Laptop Per Child)사의 XO-1 컴퓨터와 같은 교육용 제품 등이 있다. 출처 : 인간의 얼굴을 한 기술 (21세기 교양 과학기술과 사회, 2016.01.23)

가능성을 띠며 선순환이 일어납니다.

친환경의 개념을 사업 전략으로 채택하여 주목을 받고 있는 사례가 증가하고 있습니다. 크리스토퍼 래번은 영국 런던에서 의류업을 하는 디자이너입니다. 그는 군복이나 군수 낙하산의 재질이 아주 견고하고 품질이 좋다는 점에 착안하여 재고품을 불하받아 이 소재로 일반복을 만듭니다. 일종의 재활용 개념이지만 재가공을 하여 다른 상품으로 전환 시키므로 리사이클링보다 진일보한 업사이클링(upcycling)을 실천하는 것이지요. 업사이클링 상품 역시 관심을 넓혀 가고 있는 바, 친환경의 필요성이 증대하면서 이를 지지해주고 동참하고자 하는 성숙한 시민의식이 형성된 사회에서 성공 가능성이 높습니다.

그리고 환경 보호와 에너지에 대한 위기의식이 고조될수록 친환경 아이템들에 대한 관심이 확장될 것입니다. 다만, 두 가지 해결방안

11-1. 크리스토퍼 래번

11-2. 래번이 재가공한 재킷

11-3. 프라이탁 가방

을 찾아야 합니다. 하나는, 소재를 지속적으로 공급 받을 수 있는 대상을 찾아야 하며 그 소재가 그 사회에서 흔한 것이며 일정 상태가 되면 버려지는 것이어야 업사이클링 조건이 성립됩니다. 또 하나의 조건은 그 품질이 기성제품과 비교하여 나쁘지 않아야 한다는 점입니다. 디자인, 내구성, 성능, 가격경쟁력 등의 상품가치가 타 제품과 대등하거나 근접한 수준이어야 소비자들이 구매 욕구를 갖게 되는데 이 역시 쉽지 않은 과제입니다. 소재 자체가 다른 목적으로 생성되었던 것이어서 이를 전환시켰을 때 발생하는 무리수들을 잘 풀어 나가야 합니다. 창의적 아이디어가 많이 필요하죠.

프라이탁 가방은 이러한 취약함을 스토리텔링 기법으로 대체하여 성공한 사례입니다. 스위스의 가방 제조사 프라이탁(Freitag)은 화물 트럭 덮개를 소재로 가방을 만듭니다. 가격도 상당해서 중고가 제품이지만 지속적으로 사업을 확장해 가고 있습니다.

프라이탁은 다음과 같은 스토리를 구현하여 매력 있는 상품으로 차별성을 구현했습니다.

· 전 과정 손으로 만든다.
· 똑 같은 디자인이 없다.
· 방수천 세척을 위해 수도물을 낭비하지 않고 빗물을 받아 세척한다.
· 그래서 비싸다.
· 새 방수천은 사용하지 않고 5년 이상 사용된 트럭 덮개를 가공한다.
· 가방끈은 자동차 안전벨트로 만든다.
· 가방 모서리는 가죽 대신 자전거 고무 튜브를 사용한다.
· 프라이탁 스위스 본사 건물도 폐 컨테이너로 만들었다.
· 창업자 형제들은 20여년이 지난 지금도 자전거로 출퇴근을 한다.

한국사회의 중요 키워드 중 하나가 '위로'와 '힐링(치유)'일 정도로 많은 사람들이 힘들게 살아갑니다. 비단 한국만은 아닙니다. 글로벌 경제는 항상 불안정하며 20세기와 같이 매 년 10%대 경제성장을 이어가던 호황은 다시 오기 힘듭니다. 지구촌 모두가 어려운 시기에 당면한 현재, 극복을 위한 대안들을 고심해야 합니다. 그래도 '나누고', 같이 생존하는 '협력'을 실천하는 사람들이 있습니다. 이들의 실천에 유연한 디자인사고가 어떤 역할을 하여 안정감을 구성원들에게 주어야 할지 생각해 봅니다. 그리고 이를 실천하는 기업과 경영인이 소비자들로부터 호응을 받는 성숙한 사회, 경제가 구성되어야 합니다. 현재 우리가 노력해야 하는 '안정'의 개념은 '물질적 풍요와 정서적 건강의 균형'에 있습니다. 빈곤함에서 벗어나고자 산업화를 촉진시키는 과정에서 잃었던 것들이 무엇인가를 생각하고 소중한 것들을 회복하는 노력을 말합니다. 이런 맥락에서 친환경을 주제로, 또는 해결방안으로 갖고 가는 사업이 확장될 것입니다. 친환경 아이템은 취약한 요소가 많아 개발하는 과정에서 수 없이 많은 시행착오와 실험들이 반복되겠지만 역시 우리가 넘어야 할 과제 중 하나입니다.

직관 12

다시 메이커 이야기로 돌아와서

12.1. 제조환경의 변화

창의성은 기존 작품의 재해석을 통해 형성됩니다. 그리고 정보와 아이디어는 공통의 관심을 가진 사람과 공유함으로써 빠르게 촉진돼요. 애플의 스티브 잡스는 일반인들과는 상이한 직관력을 가진 사람이었습니다. 그가 개발한 아이팟(ipod), 아이폰(iphone)에서는 각각 아이튠스와 앱스토어라는 온라인 시장을 형성하여 참여자들과 이윤을 나누는 상생의 경영을 하여 큰 성공을 거두었습니다. 이윤이라는 물질 및 관심이라는 무형의 가치를 동시에 공유하고 소비자를 참여 시키는 경영전략이 얼마나 큰 효과를 거두는지 증명한 것이에요. 소통과 참여라는 키워드는 현대사회에서 대단히 큰 보편성을 지니는 가치이며 열린 사고로 기획을 하는 경영철학입니다. 스티브 잡스는 큰 비용을 투자하여 특정 기술을 개발하기 보다는 이미 존재하는 특허의 사용권을 매입하여 적용하거나 기존의 기술을 재구성하는 방식을 선호하였습니다. 즉 창의성은 발명이 아니고, 존재하는 것들을 새로운 시각과 직관적 사고에서 접근하여 재구성하는 방법으로 활용하였어요. 이러한 경영 방식은 정보화 사회의 특징을 잘 해석한 결과입니다. 현재는 아이디어를 디지털 파일로 변환하는 것이 가능하기에 타인과의 공유가 쉽고 공통관심의 커뮤니티가 형성될 수 있잖아요. 한 제품의 다양한 형태를 탐구하고 그 과정에서 개인이나 기업보다 더 빠르게 제품을 개선하고 널리 알릴 수도 있습니다. 이러한 가능성들은 제조업의 속성을 바꾸는 변화의 조짐이죠.

향후 제조업은 진입장벽이 낮아져 창의적이고 신속하게 일을 추진하는 기업가들이 제조 시장에 들어오고, 제조업을 혁신할 거예요. 이에 적응하는 선진국들이 고임금에도 불구하고 제조업의 주도권을 회복할 것이고요.[27] 세계화와 IT기술의 발달은 선진국의 제조업을 저임금 국가들로 이전시켰습니다. 그러나 자동화 설비의 보급으로 제품 제조비용에서 인건비가 차지하는 비율이 낮아지고 있어요. 그 대신 교통비(운송비)와 시간 비용 등 다른 비용의 비율이 높아졌죠. 이에 따라 21세기 제조업의 제품 개발 과정과 공장 생산 과정은 변화될 것입니다.

제품 개발 과정은 인건비가 높아도 가장 잘 혁신할 수 있는 나라에서 진행하는 것이 유리해지고 있고 공동 창작과 커뮤니티에 기반한 개발이 가능한 사회라면 더욱 유리합니다. 역동적인 웹 커뮤니티가 많고, 혁신적인 웹 기업이 성장하는 나라들이 제조업에서도 성공할 가능성이 높아요.[28] 공장 제조 과정에서는 자동화 설비의 성능 향상과 보급 때문에 서구와 아시아의 경쟁 조건이 비슷해지고 있습니다.

27 크리스 앤더슨(2013), "메이커스", RHK, 324.
28 크리스 앤더슨(2013), "메이커스", RHK, 326.

그리고 공급 사슬이 길어질수록 부담해야 하는 비용이 늘고 있어요. 예를 들어 국제 유가가 상승할수록 중국에서 미국까지 상품을 수송해야 하는 비용이 늘지요. 따라서 소비자와 가까운 지역에서 제조하고 판매하는 더 유리한 환경을 찾아야 합니다. 한 편, 신산업의 한 축이며, IoT로 지칭되는 사물인터넷 제품의 확대는 제조업에 새로운 활력을 일으킬 가능성이 있어요. 그러므로 디지털 기술이 PC와 스마트폰에 제한되지 않고, 물리적 생활용품에 연결되어 제조시장을 확장하며 서비스 산업과 연계되어 발전할 가능성을 고려해 보아야 합니다.

그래서 앞 장들에서 언급한 개성 있는 제품을 생각할 수 있는 사고력 함양과 사람의 생활과 가치관을 이해하고 기획에 적용하는 판단력이 중요해집니다. 기술이 공유되고 개발된 고유기술의 독점 기간이 짧아지고 있는 현실 때문이에요.

12.2. 크라우드 펀딩을 통한 투자와 자금 확보

크라우드 펀딩(crowd funding).

이는 어떤 물건을 만들고 싶다, 또는 이러한 아이디어, 그리고 해결 못 한 문제가 있다는 등의 의사를 인터넷을 통하여 대중에게 알리고, 그것에 공감하는 사람들에게서 자금을 모집하는 방법입니다.

포털사이트에서 크라우드 펀딩의 사전적 의미를 살펴보면, 'crowd'는 대중을 뜻해요. 크라우드 펀딩은 프로젝트의 자금을 조달하지 못한 개인, 단체가 소셜 미디어를 비롯한 인터넷상에서 제품기획 내용과 필요한 금액을 제시하고 대중에게 지원을 요청하는 방법입니다. 소액자금 제공자를 많이 모집하여 필요한 금액을 달성하는 것이 크라우드 펀딩의 목표입니다.

미국 뉴욕에 본사가 있는 크라우드 펀딩 사이트 킥스타터(Kickstarter)가 대표적 펀딩 사이트 중 하나이며 인디고고(Indiegogo)도 규모가 큰 대형 펀딩 사이트입니다. 크라우드 펀딩은 페이스북, 트위터 등의 SNS가 대중화된 이후에 보급이 확대 되었어요.

미국의 킥스타터는 2009년 4월에 창립되었고 일본의 레디포(READYFOR)는 2011년 4월에 설립되었으며 캠프파이어(CAMPEFIRE)는 2011년 6월에 설립되었습니다. 동일본 대지진이 발생하였을 때, 피해지역의 가설 건물에 세워진 도서관에 장서를 채워 넣기 위한 프로젝트가 펀딩 형식으로 성공을 거둔 일이 있었습니다. 목표 금액이 200만 엔이었으나 862명에게서 824만 엔을 지원 받았죠.

레디포는 오키나와의 응급환자를 이송하기 위한 의료 비행기 구입모금을 시도하여 목표 금액을 상회하는 3,600만 엔을 모으기도 하였습니다. 그러나 크라우드 펀딩이 사회공헌 공공 프로젝트만 취급하지는 않아요. 개인의 상품 개발 프로젝트도 동시에 다루고 있어요. 킥스타터에서 성공을 거둔 사례로는 전자종이를 활용한 스마트워치, 보드게임세트, 고음질 음원용 뮤직 플레이어, 초소형 드론 등 많은 아이템이 있습니다.

크라우드 펀딩은 제품에 대한 공감과 재미, 그리고 탁월한 아이디어를 제시한 사람을 성원하는 감정이 수익을 발생하도록 작용해요. 이는 소셜미디어 네트워크의 문화와 유사한 연장선의 기능입니다.

제조자 측에서는 기획안과 가능성의 기안을 시제품으로 증명하고 아직 개발에 착수하지 않은 상태에서 개발 비용을 선수금으로 지원받습니다. 가장 큰 혜택은 예약주문을 통해 상품대금을 선불로 받아 제조비용으로 사용할 수 있다는 것, 그리고 신용이 쌓여 가면 큰 판매촉진이 이루어져 홍보비용을 절감할 수 있다는 점이 매력입니다.

크라우드 펀딩은 제작자와 구매자 사이의 상호작용을 전제로 한 거래가 형성됩니다. 이를테면, 상품 기획 단계에서부터 제작자가 구매자에게 제품의 디자인과 기능을 알려줍니다.

이 때 가격이 제시되고 구매자는 제품이 만들어지기 전에 구입을 검토하지요. 이러다보니 크라우드 펀딩에서는 구매 후 제품을 받기까지 일정한 시간차가 있어요.

그래서 해당 제품의 출하, 배송 예정일을 표기하여 알려줍니다. 대금을 지불한 후 제조가 이루어지는 상황이 많아서 경우에 따라 배송이 몇 개월에서 1년 이상 소요되기도 합니다. 구매자로서는 매우 긴 시간을 기다려야 하므로 그 동안 제작자는 제품의 개발 상황을 수시로 알려 줍니다.

인터넷 상거래 시, 주문 후 대금을 입금하고 배송까지 며칠 기다리는 방식은 국내 시장에서 익숙하게 보편화되어 있잖아요. 메이커 산업에서는 주문에서 배송까지의 기간에 매우 많은 시간이 소요되는 상황이지만 이를 아이디어가 탁월한 새로운 제품이라는 구매 매력도로 대체해 가야 합니다.

그래서 창의적 상품 기획 능력과 소비자의 라이프스타일을 깊이 이해하는 직관력이 더욱 중요해지는 거예요.

12.3. 스타트업을 위한 아이디어 개발

제가 교양수업으로 진행한 강좌에서 상품을 개발하는 실습을 하였습니다. 학기의 중후반부까지는 경제, 경영, 브랜드와 마케팅, 소비자 가치관 및 사회트렌드 그리고 직관적 디자인 사고 등을 학습하였습니다.

공부한 내용들을 참조하여 학생 자신이 구상하는 아이템을 기획하고 발표하는 시간을 가졌습니다. 그 결과들 중에서 설득력을 지닌 기획 몇 개를 소개합니다.

12-1. 한성대학교 의류패션산업 전공 김혜인

그림 12-1은 애견과 영유아를 위한 맞춤 의복을 디자인해주고 제공하는 서비스 사업 기안입니다. 반려견 증가통계를 제시하여 시장성을 타진하였으며 소비자가 참여하여 선택의 폭이 넓은 맞춤형 주문을 주제로 하고 있습니다.

12-2. 한성대학교 시각영상디자인 전공 박미영, 조연경

다음은 버려지는 유기견들이 새 가족에게 입양될 때까지 머무르는 공간 운영을 위한 모금 사업입니다. 디자인전공하는 학생들이 전공과 접목하여 캐릭터를 만들고 저금통 디자인을 하였습니다. 앞의 의류사업과 협업을 하여 소비자가 기부에도 참여하면서 구매하게 되는 것으로 확장해도 좋을 것 같습니다.

그림 12-3은 특정기업을 위한 제안 기획입니다. 인스턴트커피는 분말형태, 액상형태가 존재합니다. 이 학생은 고형의 사탕형태를 구상하였습니다. 부피가 작아 편의성이 있으며 운반 및 보관에도 유리합니다. 다만 물에 넣었을 때 섞이는 상태와 그 맛의 정도가 기존 방식들과 동일하거나 우수해야 사업이 성립합니다. 그러므로 지속적인 연구가 필요하겠지요. 창업이라는 개념이 홀로 모든 것을 해결하는 과정이라고 볼 수는 없습니다. 이 제안처럼 기존 업체와 계약을 체결하고 기획된 상품을 납품하며 이윤을 나누는 방법도 있습니다. 여러 가지 가능성을 열어 두는 것이 좋습니다.

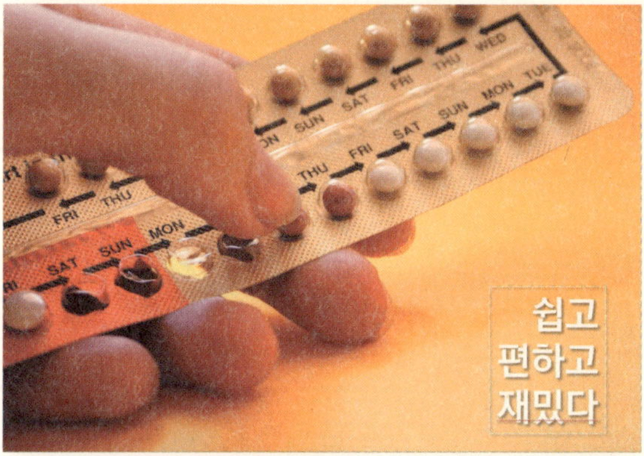

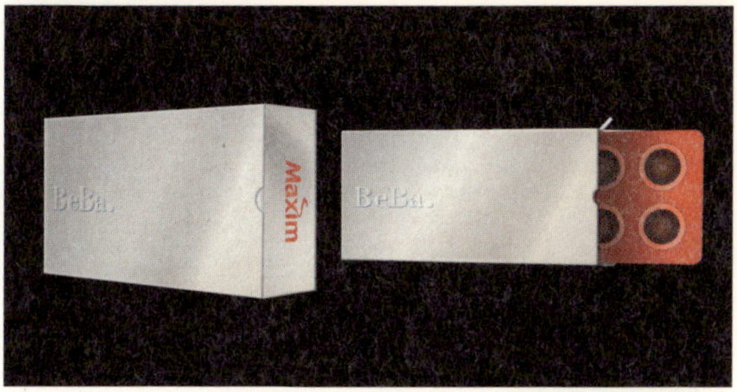

12-3. 한성대학교 인테리어디자인 전공 박한솔

다음 그림은 대학생들이 졸업을 인증받기 위하여 연구, 발표한 작품들을 구매자와 연결하여 매매가 이루어지는 것을 목적으로 하는 사업입니다. 이 학생은 공학전공자입니다. 작품의 범위를 예술만이 아니라 공학 프로젝트까지 보고 있습니다. 여기에서 더 나아가 인문학과, 사회학 졸업논문까지도 포함하는 것으로 해석하면 더 좋을 것 같습니다.

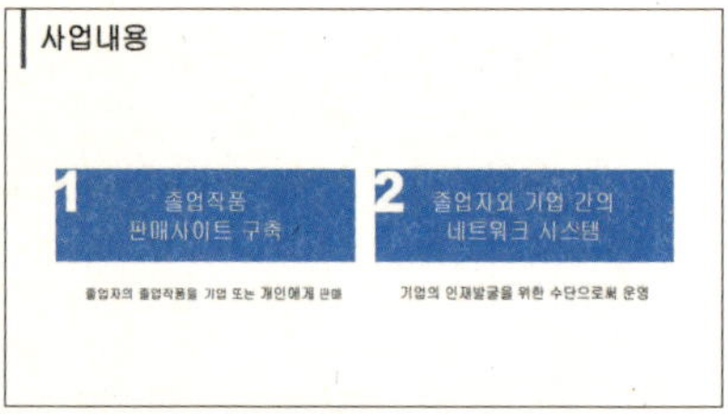

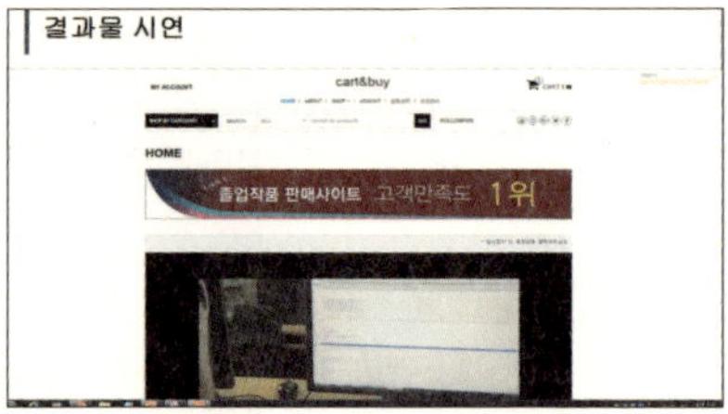

12-4. 한성대학교 멀티미디어공학 전공 김주리

학생들의 아이디어는 전공과 꼭 일치하지 않지만 그래도 어느 정도 전공지식이 바탕을 이루고는 있어요. 이러한 상황이 자연스럽고 바람직하다 생각합니다.

우리가 운영한 과정은 전공 관련 업무를 장차 수행하면서 각자가 관심이 큰 아이디어를 따로 개발하여 부업 형식으로 시장에 접근해 보자는 취지였습니다. 부담감을 배제하고 자유로운 환경을 설정하고 흥미로운 것들을 구상하면 좋은 아이디어에 더 가깝게 다가설 수 있습니다.

또 다른 공대생은 전 세계에서 모기가 전달하는 질병으로 사망하거나 고생하는 사람들의 통계를 제시하면서 모기 차단제를 개발하겠다는 기획을 제시했습니다.

유해성분이 없어 친환경적이며 저비용으로 제조가 가능한 구상을 했습니다. 기후가 온난 다습한 국가들을 타깃으로 삼아 해외진출을 하겠다는 전략을 갖고 있습니다(그림 12-5).

12-5. 한성대학교 컴퓨터공학 전공 이윤지

보여드린 기획들은 그야말로 초기 아이디어의 시안입니다. 더 많은 연구를 통하여 다듬고 현실화해 가야 해요. 스스로가 좋아하며 그래서 잘 알고 있는 분야에서 개발 아이디어를 찾는 것이 좋습니다. 그래야 즐겁게 지속할 수 있고 어려움이 생겨도 참고 극복하게 됩니다.

좋은 개념을 많이 개발하여 사람들과 거래하고, 그러면서 많은 삶의 경험이 축적되면 좋겠습니다. 물질적으로 또 정서적으로 풍요로워 지니까요.

한국을 바라보는 국제적 관심은 계속 상승하고 있습니다. 동북아시아의 정치 세력 구도가 새로운 균형점을 찾아가는 과정이라서 그렇기도 하지만, 한국은 높은 기술력과 놀라운 콘텐츠로 좋은 상품 및 서비스를 제공하는 나라라는 인식이 확산되어 갑니다. 여기에서 파생되어가는 좋은 효과들이 있습니다. 한국인의 라이프스타일을 공유하고 싶어 하는 사람들이 많아지고 있으므로 한국 내수 시장 진입에 일단 성공하면 그것이 국제 시장으로의 확산 가능성이 과거 그 어느 시기보다 더 큽니다. 한 편, 내수 시장에서 큰 반응이 없다 해도, 글로벌 시장에의 가능성까지 낮은 것은 아닙니다. 정보통신기술이 보편화되어가는 상황에서 '내가 개발한 것의 가치'를 공감해 줄 사람들은 한국 국내 시장보다 국제시장에서 찾을 더 가능성이 더 높습니다. 외국에서 규모가 큰 크라우드 펀딩(crowd funding)사이트에 개발품을 등록하고 자금을 모아보는 시도는 매력이 있습니다. 그렇다면 다음과 같은 사업구상이 필요합니다.

'한국의 문화를 기반으로 삼은 비즈니스도 구상해 보자.

전통문화가 가미될 수도 있고, 현대 한국인의 라이프스타일을 반영한 것일 수도 있다.

경영방식과 브랜드를 형성하고 마케팅을 할 때, 한국 스타일의 디자인이 필요하지 않을까?

이것이 브랜드 정체성을 공고하게 해 줄 수 있다'

이러한 시도는 많이 이루어지고 있습니다. 그러나 신중하고 깊이 있게 접근해야 합니다. 다음의 이유 때문이라 생각합니다.

'한국의 스타일이 자칫 국제적 보편성을 훼손하고 국수주의적 경향으로 가서는 곤란하다. 모더니즘에 기반 한 미니멀리즘이 글로벌 시장에서 넓게 받아들여지는 이유를 생각해 보자.

그래서 한국 스타일을 담으려면 간접적이고 은유적인 접근이 유익하다'

정리해보면, 한국의 특성을 현대적으로 재해석하여 담는 능력이 필요합니다. 한 가지 방법만 말씀드리지요. 국내외의 미학자들이 한국의 전통문화가 갖는 아름다움을 '소박하고, 부드럽고, 자연에 가깝다. 그래서 평온하다' 고 정의합니다. 이 요소들은 국제적 공감대를 형성할 것입니다. 디지털문명과 IT문화는 그것이 확산될수록 긴장감과 피로감도 증가하는 양면적 속성을 갖고 있습니다. 시간이 지날수록 해킹이나 금융사기 피해사례가 증가하고 피해를 방지하기 위한 보안이 크게 강화되는 것이 그 증거입니다. 이 상황에서는 스트레스 지수가 높아집니다. 그래서 그 반대급부 현상으로 아날로그 복고 상품의 재등장, 웰빙, 슬로우 푸드, 슬로우 라이프, 초록색을 동경하는 친환경 등의 욕구가 발생하는 것입니다. 따라서 우리 조상들이 구축하고 우리가 계승해야할 '소박하고, 부드럽고, 자연스러운 안정감'이라는 한국의 미(美)는 그 가치가 국제화될 가능성이 높아간다고 생각합니다. 그 사례들과 시각적 표현방법은 다음에 기회가 있으면 소개해 드리도록 하고 이 글에서는 본문에서 하지 못한 이야기들을 말씀 드리면서 책을 마무리 하고자 합니다.

심리학자 미하이 칙센트미하이는 긍정적 몰입이 형성되면 굉장한 힘과 에너지가 발생하며 삶이 행복해 진다고 하였습니다. 긍정적 몰입이 형성되려면 자기 신념이 필요합니다. 신념도 명분이 있어야 형성되는 것이라서 옳은 일을 하고 있다는 확신이 있어야 합니다. 이 신념이 어려움들을 극복하게 해 주며 즐거운 열정도 동반시켜 줍니다. 여기 책에서 강조했던 주제들, 좋은 가치관을 형성하자고 강조했던 이유가 이것 때문이에요.

제자들에게 자주 하는 잔소리 중 하나는 시간을 낭비하지 말고 소중하게 사용하라는 이야기입니다. 항상 일과 공부만 하라는 뜻은 아닙니다. 쉬면서 힘을 축적하는 것에도 중요한 의미를 부여해야 합니다. 계획된 휴식은 항상 좋은 컨디션을 유지시켜 줍니다. 지치지 않고 스트레스 없이 일정한 집중력을 만들어 주기도 하고요. 20세기 산업화시대에는 전문성을 정의할 때 좁고 깊게 알고 있는 지식을 뜻했습니다만, 21세기 정보화시대는 넓지만 얕은 지식, 그리고 높은 판단력이 전문성으로 인정받습니다. 21세기형 전문성은 생각하는 힘이 핵심이므로 좋은 휴식과 경험을 쌓기 위한 즐거운 라이프스타일을 만들어 가는 것이 바람직합니다.

이 책 제목을 부자가 되기 위한 경영이라 칭했지만 사실은 스스로를 계발해 가는 자기개발서적 성격을 지니고 있어요. 시장, 소비자들과 거래하고 살아가기 위해서 어떤 성찰이 필요한지 스스로에게 묻고 발견해 가자는 취지를 두고 만든 글들인데 부디 좋은 결실이 맺어지기를 희망합니다.

조금 현실적인 이야기를 해보면 청년 창업이 아직 불안정한 상태입니다. 향후 상황이 개선되어 가겠지만, 현재는 지속력이 약합니다. 소규모 벤처와 스타트업은 경제구조 흐름의 한 축이므로 우리나라에서도 그 비중이 커져 갈 것입니다. 그러나 현재는 초창기라 어려움이 많으므로 규모가 큰 조직에 입사하기 위한 취업준비에 매진하는 것을 부정적으로 생각하지 마십시오. 다만 어떤 길로 사회생활을 운영해 가더라도 아이디어를 구상하고 구체화시켜 개발하는 것은 지속되어야 합니다. 그 아이디어의 실체에 나의 가치관이 담겨 있으면 그것이 바로 '나'라고 동일시해도 무리는 없습니다.

저요? 청년들 교육에 종사하면서 그 교육방향을 글로 집필하고 있잖아요. 이 책의 내용에 제가 옳다고 믿는 방향을 담았으니 제 개발서이기도 하죠.

제가 다음 연구 주제로 삼아 집중하려는 분야는 논리에 근거한 직관적 사고력을 만들어가는 과정입니다. 문제중심학습이라 명칭 되는 PBL(Problem Based Learning)교육이 있습니다. 저는 이 교육방법에 근거 하여 디자이너가 갖는 직관력을 엔지니어의 논리적 사고와 결합하는 방법을 연구하고 싶습니다. 이를테면 직관과 논리를 균형 있게 구사하는 방법을 알아보고 싶어요. 그러나 저는 가이드라인을 제시할 뿐이고 학생들이 각자의 소양을 파악한 후, 스스로가 가장 잘 구사할 수 있는 최적의 문제해결 능력을 찾아가는 것에 목표를 두겠습니다. 모두가 그 발견을 할 수는 없겠지만 그것이 되어 가는 학생들은 스스로가 삶을 이끌어가는 좋은 사회인이 될 것입니다.

우리가 시작해야 하는 경영은 비단 돈 많이 버는 수단에 그치지 않고 사람들을 따뜻하게 해주는 개념을 목표로 삼아야 합니다. 그것이 만족도 높은 성숙한 삶이라 믿습니다. 물질만능이 주는 허탈함에서 벗어난 가치경영이 보편화되고 상식으로 통하는 사회가 형성되기를 바랍니다. 그러면 세상이 조금은 더 좋아지지 않을까요?

참고문헌

강현주 외. (2004), "열두 줄의 20세기 디자인사", 디자인하우스.

김민수 (1994), "모던디자인 비평", 안그라픽스.

김희진 (2014), "회사 가기 싫은 날", 마호.

라원기 (2015), "누구나 한번은 리더가 된다", 두란노.

릴리쿰 (2016), "손의 모험", 코난북스.

마크 미오도닉 (2016), "사소한 것들의 과학", MID.

문찬 (2013), "디자인과 사회트렌드", 한성대학교출판부.

박루니 (2013), "런던의 착한 가게", 아트북스.

스티브 파커 (2016), "발명 콘서트", 베이직북스.

안 보니 (2008), "디자인에 대해 알고 싶은 모든 것들", 다빈치.

앰브로즈, 해리스 (2008), "The Layout Book", 안그라픽스.

월터 그로피우스 (1995), "바우하우스 공방의 신제품", 과학기술.

월터 아이작슨 (2015), "이노베이터", 오픈하우스.

월터 아이작슨 (2011), "스티브 잡스", 민음사.

오영식, 차재국, 신문용 (2015), "토탈임팩트의 현대카드 디자인 이야기", 세미콜론.

임태수 (2016), "날마다, 브랜드" , 안그라픽스.

크리스 앤더슨 (2013), "메이커스", RHK.

페니 스파크 (2013), "디자인의 탄생", 안그라픽스.

폴 폴락, 맬 워윅 (2014), "소외된 90%를 위한 비즈니스", 더퀘스트.

문찬 (2014). 지속가능 발전교육에 기반 한 산업디자인교육과 업사이클링 브랜드의 방향, 문화산업연구 14(2). 43-51.

문찬 (2015). 대학교 디자인교육과 지역사회연계 프로그램 개발 연구, 상품학연구 33(4). 37-43.

문찬 (2016). 지속가능발전교육(ESD)의 지역사회연계 · 대학교디자인교육 실천연구, 문화예술교육연구 11(2). 83-103.

문찬 (2016). 창의적 개발자 양성을 위한 공학 · 디자인 융합교육 실천연구, 문화산업연구 16(3). 23-31.

문찬 (2017). 메이커산업과 디자인 · 공학 융합교육의 방향, 상품학연구 35(3). 27-34.

문찬 (2017). 비 디자인 전공자 교육을 위한 디자인의 원리 '균형' 의 적용, 상품학연구 35(5). 71-79.

따뜻한 부자가 되기 위한 경영. 메이커. 디자인

초판1쇄 인쇄 2018년 2월 28일

저 자 문 찬
발 행 인 이상한
발행한곳 한성대학교출판부

우편주소 서울특별시 성북구 삼선교로16길 116
대표전화 (02) 760 / 4174
팩시밀리 (02) 760 / 5969

편집제작 대자커뮤니케이션 | 대표(02) 2269-6724

ISBN 978-89-6820-030-4 13610 **정가** 13,000원

* 이 책은 한성대학교 연구비 지원에 의한 것임.